20世纪中国科学口述史
The Oral History of Science in 20th Century China Series

从居里实验室走来
——杨承宗口述自传

A Radiochemist from the Curie Laboratory:
the Oral Autobiography of Yang Chengzong

湖南教育出版社

《20世纪中国科学口述史》丛书编委会

主　编：樊洪业
副主编：王扬宗　黄楚芳
编　委（按音序）：
　　　　樊洪业　黄楚芳　李小娜　王扬宗　熊卫民
　　　　杨　舰　杨虚杰　张大庆　张　藜

92岁的杨承宗先生在北京中关村宿舍前

从居里实验室走来
——杨承宗口述自传
A Radiochemist from the Curie Laboratory: the Oral Autobiography of Yang Chengzong

主编的话

以挖掘和抢救史料为急务

　　自文艺复兴以来,西方经过宗教改革、世界地理大发现、科学革命和产业革命,建立了资本主义主导的全球市场和近代文明。在此过程中,科学技术为社会发展提供了最强大的动力,其影响至20世纪最为显著。

　　在从传统社会向近代社会的转型中,国人知识结构的质变,第一代科学家群体的登台,与世界接轨的科学体制的建立,现代科学技术学科体系的形成与发展,乃至以"两弹一星"为标志的一系列重大科技成就的取得,都发生在20世纪。自1895年严复喊出"西学格致救亡",至1995年中共中央、国务院确定"科教兴国"的国策,百年中国,这"科学"是与"国运"紧密关联着的。百年中国的科学,也就有太多太多的行进轨迹需要梳理,有太多太多的经验教训需要总结。

　　关于20世纪中国历史的研究,可能是格于专业背景方面的障碍,治通史的学者较少关注科学事业的发展,专习20世纪科学史者起步较晚,尚未形成气候。无论精治通史的大家学者,或是研习专史的散兵游勇,都共同面临着一个难题——史料的缺乏。

　　史料,是治史的基础。根据20世纪中国科学史研究的特点,搜求新史料的工作主要涉及文字记载、亲历记忆、图像资料和实物遗存这四个方面。

20世纪对于我们，望其首已遥不可及，抚其尾则相去未远。亲身经历过这个世纪科学事业发展且作出过重要贡献的科学家和领导干部，大都已是高龄。以80岁左右的老人为例，他们在少年时代亲历抗日战争，大学毕业于共和国诞生之初，而国家科学事业发展的黄金十年时期（1956—1966）则正是他们施展才华、奉献青春、燃烧激情的岁月。这些留存在记忆中的历史，对报刊、档案等文字记载类史料而言，不仅可以大大填补其缺失，增加其佐证，纠正其讹误，而且还可以展示为当年文字所不能记述或难以记述的时代忌讳、人际关系和个人的心路历程。科学研究过程中的失败挫折和灵感顿悟，学术交流中的辩争和启迪，社会环境中非科学因素的激励和干扰等等，许多为论文报告所难以言道者，当事人的记忆却有助于我们还原历史的全景。

湖南教育出版社欲以承担挖掘和抢救亲历记忆类史料为己任，于2006年启动了《20世纪中国科学口述史》丛书的工作计划，在学界前辈和同道的支持下，成立了丛书编委会，于科学史界和科学记者群中招兵买马，认真探索采访整理工作规范和成书体例。通过多方精诚合作，在近两年中已出版图书20种，得到了学术界和读者的认可。

近年兴起的口述史（Oral History）热潮，强调采访者的责任，强调采访者与受访者之间的互动，强调留下"有声音的历史"。不过，口述史内容的"核心"是"被提取和保存的记忆"（唐纳德·里奇《大家来做口述历史》）。把记忆于头脑中的信息提取出来，方法上有口述与笔述之差别，但就获取的内容而言，并无实质性的差别。因此，本丛书当前在积极组织从事口述史采访队伍的同时，也积极动员资深科学家撰写回忆文本，作为"笔述系列"纳入到本丛书中来。

科学,作为一种社会事业,除科学研究之外,还包括科学教育、科学组织、科学管理、科学出版、科学普及等各个领域,与此相关的人物和专题皆可列入选题。

本丛书根据迄今践行的实际情况,在大致统一编辑规范的基础上,将书稿划分为5种体例:

1. 口述自传——以第一人称主述,由访问者协助整理。
2. 人物访谈录——以问答对话方式成文。
3. 自述——由亲历者笔述成文。
4. 专题访谈录——以重大事件、成果、学科、机构等为主题,做群体访谈。
5. 旧籍整理——选择符合本丛书宗旨的国内外已有文本重新编译出版。

形式服务于内容,还可视实际需要而增加其他体例。

受访者与访问整理者,同为口述史成品的作者。忆述内容应以亲历者的科学生涯和有关活动为主线展开,强调以人带史,以事系史,忆述那些自己亲历亲闻的重要人物、机构和事件,努力挖掘科学事业发展历程中的鲜活细节。

书中开辟"背景资料"栏,列入相关文献,尤其注重未经披露的史料,同时还要求受访者提供有历史价值的图片。这些既是为了有助于读者能更好地理解忆述正文的内容,也是为了使全书尽可能地发挥"富集"史料的作用。

有必要指出,每个人都会受到学识、修养、经验、环境的局限,尤其是人生老来在记忆力方面的变化,这些会影响到对史实忆述的客观性,但不能因此而否定口述史的重要价值。书籍、报刊、档案、日记、信函、照片,任何一类史料都有它们各自的局限性。参与口述史工作的受访者和访问者,即便是能百分之百做到"实事求是",也不能保证因此而成就一部完整的信史。按名家唐德刚先生在《文学与口述历史》一文中的说法,口述史"并不是一个人讲一个人记的历史,而是口述史料"。史学研究自有其学术规范,不仅要用各种史料相互参证,而且面对每种史料都要经历一个"去粗取精,去伪存真"的过程。本丛书捧给大家看的,都是可供研究20世纪中国科学史的史料,囿限于斯,珍贵亦于斯。

受访者口述中出现的历史争议,如果不能在访谈过程中得以澄清或解决,可由访问者视需要而酌情加以必要的注释和说明。若对某些重要史实有不同的说法,则尽可能存异,不强求统一,并可酌情做必要的说明或考证。因此,读者不必视为定论,可以质疑、辨伪和提出新的史料证据。

本丛书将认真遵循求真原则和史学规范,以挖掘和抢救史料为急务,搜求各种亲历回忆类史料,推动20世纪中国科学史的研究!

欢迎各界朋友供稿或提供组稿线索,诚望识者的批评指教。谨以此序告白于20世纪中国科学史的研究者和爱好者。

樊洪业
2011年元月于中关村

从居里实验室走来
——杨承宗口述自传

A Radiochemist from the Curie Laboratory: the Oral Autobiography of Yang Chengzong

CONTENTS 目录

	王方定序	001
	引言	004
第1章	我的青少年时代	002
	"老子才是生来就革命的"	002
	求学上海	004
第2章	不平静的北平	010
	郑大章先生	010
	初涉放射化学	013
第3章	上海租界中的镭学研究所	020
	在上海重起炉灶	020
	发现β射线的散射现象	024
	拒绝与汉奸合作	027
	光复与出国	029
第4章	走进居里实验室	034
	海上见闻	034

	初到巴黎	038
	我的法语	042
	我的工作环境	043
	通过博士论文答辩	047
	在法国大理院"打官司"	057
	伊莲娜·居里赠送放射性标准源	066
	约里奥-居里的忠告	068
	3 000美元购器材	070
	布歇士送我上船	076
	归途溯往	081
第5章	**五十年代**	092
	踏进国门	092
	东皇城根的近代物理所	093
	和毛泽东一起看《将相和》	097
	迁址中关村	099
	奇怪的"铀235"和质谱仪的试制	103
	陈毅设宴：紫光阁下岂无人	105
	苏联之行和参与制订"十二年规划"	108
	侦测美国核试验造成的核污染	111
	第三代小居里夫妇来华	113
	放射性同位素应用讲习班	114
	中国科技大学08系系主任	120

第 6 章　在二机部五所的日子　126

　　紧急任命　126
　　整顿研究所　129
　　"水冶法炼铀"　131
　　周总理说："我拜托你们了！"　136
　　二机部给科大的"合作经费"　138
　　喜讯与庆功宴　139
　　"文革"回忆　141

第 7 章　做了中国科技大学副校长　146

　　下迁安徽　146
　　中国科大再创业　152
　　碳酸钡镭标准源的最终归属　155
　　重视外语教学　160

第 8 章　创办合肥联合大学　164

　　一次发言　一份建议　164
　　从"三无"起家　166
　　创办合肥联大的意义　169
　　一件憾事　171

第 9 章　晚年杂记　176

　　揭开约里奥-居里托我传话给毛泽东的秘密　177
　　参观核试验基地　184
　　再访居里实验室　188
　　百岁感言　197

附录 199
    杨承宗年表 200
    杨承宗主要著述目录 204
    主要参考文献 206
    人名索引 207
后记 214

从居里实验室走来
——杨承宗口述自传

A Radiochemist from the Curie Laboratory: the Oral Autobiography of Yang Chengzong

王方定序

杨承宗先生不但是我国放射化学的奠基人之一,更是新中国核燃料化学的奠基人。他为我国核燃料化学的创立、发展和人才培养所付出的辛勤劳动和所作出的卓越贡献,激励着我们后辈热爱这门学科,并愿为之奋力拼搏。

1934 年,新的学科"放射化学"刚被引入我国,杨承宗先生就开始了放射化学研究。当时,核裂变现象尚未发现,放射化学也只是一门纯学术研究的学科。3 年后,抗日战争全面爆发,全国军民奋起抗日,放射化学在中国的研究工作刚刚起步就陷入举步维艰的停滞局面。直到新中国成立后的 1951 年,杨承宗先生从法国居里实验室回国,才在中国科学院近代物理研究所建立放射化学研究小组,开始领导年轻人进行有关的科学研究工作。

杨承宗先生紧密联系原子能学科发展的实际,提出了铀化学、重水制造、高纯石墨制造、质谱仪制造和光谱分析等课题,并且很快就地调集青年人筹建实验设备,开展相关研究工作。为获取建立核反应堆所必需的燃料,杨承宗先生全面地安排铀化学课题的研究,如:铀矿石的分析、从矿石中提取铀制备成黄饼、铀的纯化、四氟化铀制备、二氧化铀制备等工作都

王方定(1928—),核化学家,中国科学院院士(1991)。曾任中国原子能科学研究院科技委主任,中国核工业总公司科技委顾问。

先后开展起来。为解决工作场所缺乏的困难状况，杨承宗先生亲自动手，设计了我国第一座放化实验楼——"小楼"，订购了仪器设备，建立了能完整处理铀矿石的铀化工实验室。短短几年间，核燃料化学研究工作就从无到有地取得了一系列研究成果：从国产铀矿石中提取并制备了公斤级的黄饼；建立了酸法、碱法、过氧化物法等纯化铀的方法；制备出了四氟化铀、二氧化铀成品。这是我国在核燃料化学领域取得的第一批研究成果。到1955年开始全面进行原子能科技研究时，杨承宗先生领导的这个研究组就成为培养和提供专业人才的重要基地。

20世纪50年代初期，我们这些刚参加工作的大学毕业生，在校时没有受过原子能方面的专业训练。杨承宗先生除了为我们开讲放射化学课程外，还指导我们用他从法国带回的仪器和沥青铀矿石做了许多实验：定量分析铀；用静电计测定放射性强度；用硫化锌目视观察 α 粒子的存在；用当时稀有的十进位定标器记录 β 粒子数等。在实际研究工作中，杨承宗先生注意发挥我们的积极性和主动性，放手让年轻人制订计划、调研文献、操作实验、总结工作，先生则随时监督检查，提出指导意见，这使我们很快掌握了所从事专业的知识和科学研究的工作方法，具备了独立工作的能力。我们的实验记录本上经常有先生批注的修改意见。50多年后，再看当时先生的笔迹，不禁使当年尚是小青年的我沉浸在美好和感激的回忆中。

20世纪50年代中期，国家的核武器研制计划提上日程。杨承宗先生常常告诉我们，研究工作不能脱离生产实际，一定要为国家的国防和经济建设服务，并经常带领我们去生产应用性的科研院所参观、访问。后来，杨承宗先生早期亲手培养的青年人纷纷走上国家新建的生产、教育、科研岗位,有的从事核燃料的研制和生产,有的从事大学专业人才的培养,有的从事核武器的研制,成长为各自工作岗位上的骨干力量。现在当我们也都进入耄耋之年时,回忆往事,无不深深敬仰杨承宗先生为我国原子能事业所作出的开创性的重大贡献,无不深深感谢当年杨承宗先生对我们的殷切教诲。

  本书以口述历史的形式记录了百岁翁杨承宗先生探索未知、治学育人、矢志报国的曲折历程,其中不乏鲜为人知的感人情节,从那不同寻常的足迹中,更能折射出老一辈科学家爱国、敬业、奉献的高尚情操。回忆昨天是为了认识今天,更是为了创造美好的明天。我想,这也正是本书留给当今社会宝贵的精神财富。

王方定

2010 年 12 月 19 日于北京

从居里实验室走来
——杨承宗口述自传
A Radiochemist from the Curie Laboratory: the Oral Autobiography of Yang Chengzong

引 言

上个世纪20年代到30年代初,当西方国家在放射化学及核物理方面的新发现、新发明层出不穷的时候,中国在这些领域里还处于启蒙阶段。正如杨承宗先生在本书中述说的,那时的中国竟有人把放射化学"Radiochemistry"硬译成"无线电化学"。最早从欧洲引来放射化学"圣火"的,是杨先生的导师郑大章先生。他是老居里夫人的学生,深得居里实验室两代主人——玛丽·居里和伊莲娜·居里的好评,中国人也因此在她们的心目中留下了美好的印象。不幸的是,由于战乱和疾病,这位热爱祖国、才华出众的科学家竟在37岁时不幸撒手人寰;所幸的是,杨承宗先生承接了先师的薪火,并且有幸成为伊莲娜·居里的高足。在伊莲娜·居里的亲自指导下,他富有创造性地分离了元素表中第ⅢB、ⅣB、ⅤB、ⅥB族中较难分离的一些元素。1951年6月,他据此写成的博士论文《离子交换法分离放射性元素的研究》通过答辩,获得了巴黎大学理学院的博士学位。此后,杨先生毅然放弃了法国国家科学研究中心给他的"555 000法郎年薪,外加补贴"的待遇,返回刚刚成立的新中国,而当时一穷二白的祖国,只能给他每月1 000斤小米(相当于100元人民币)的薪酬,但他无怨无悔。

钱三强先生曾说,50年代的中国科学院近代物理所(原子能所前身),核物理和放射化学是"一条腿粗,一条腿细"。也就是说,在核物理方面,中国尚有一些以钱三强、王淦昌、彭桓武、赵忠尧等为代表的水平很高的科学家，而在放射化学方面，人才匮乏的情况就严重得多。杨先生回国后，不计名利，忘我工作。他培养人才、建实验室、编译教材，参与或指导了重水的制备、超纯石墨的提炼和质谱仪的研制等。他还以普罗米修斯盗火的精神，舍身取来放射性材料，从而制得了科研急需的氡-铍中子源。杨承宗先生还大力培养放化应用人才，让放射化学的圣火惠及了我国的工业、农业、医疗卫生等领域。他是公认的新中国放射化学的奠基人。

在杨承宗即将回国之际，时任世界和平理事会主席的弗雷德里克·约里奥-居里邀他进行了一次十分重要的谈话，他说："你回去请转告毛泽东，你们要保卫和平，要反对原子弹，就必须自己拥有原子弹。原子弹不是那么可怕的，原子弹的原理也不是美国人发现的。你们有自己的科学家。"

当杨承宗将这番话转述给钱三强时，钱三强郑重地对他说："我要向毛主席和周总理汇报。这是非常机密的大事，我们对谁都不要说，哪怕是我们的妻子和子女，也不要讲。"

从此，杨先生和钱三强一起，恪守着自己的诺言。杨承宗转达的这段忠言，对新中国领导人下决心发展自己的核武器起了积极作用。1961年，因苏联撕毁合同，撤退专家，中国核武器的研制被卡住了脖子。在此紧要关头，他临危受命，投身于铀矿选冶的技术攻关中。尽管时间紧、条件差、任务重，但他用自己的知识、才干和感召力，领导二机部五所的科研人员克服了许多难以想象的困难，自力更生，勇于创新，在两年内生产出了数量和质量都达到了要求的纯铀化合物，为我国第一颗原子弹的成功试爆立下了汗马功劳。在"两弹一星"事业中，杨承宗先生是没有勋章的功臣。

杨先生一向重视教育，重视人才培养。他热心创办中国科学技术大学，他是这所新型大学的首任放射化学系主任。在此期间，他遴选人才、传道授业，受到各方的好评。在"文化大革命"中，他随中国科技大学下迁到合肥，在受到不公正待遇的情况下，忍辱负重，排除困难，尽可能减少"文革"给学校造成的损失。在改革开放中，他担任了副校长，参与领导，实现了中国科技大学的再创业。他教过的学生，不少人已经成为学术带头人、博导、院士，真正是"桃李满天下"。"文革"刚刚结束，百废待兴，他又在各方支持下，创立了合肥联合大学（现为合肥学院），首创了"联办公助，自费走读，不包分配，择优录用"的办学方式，为中国的教育事业开拓了新路。《光明日报》、《中国教育报》、《中国青年报》、《文汇报》、《安徽日报》等先后多次详细报道过这所新型学校的创办过程。这件当时人们觉得是天方夜谭的事情，30年后的今天，已经成为中国高等教育改革的一种成功模式。杨承宗先生是勇于创新的科学家和教育家。因此，杨先生的口述，讲的不仅是一部个人传记，更是一部放射化学在中国的发展史，也涉及当代中国高等教育的发展史和改革史。

虽然在2007年开始忆述时，已经近百岁的杨先生思维仍然敏捷，身体仍然健康，可是长时间的采访对这位寿星级科学家来说，还是一个重负。因此大多时间都是视其体力精力情况，由他自己动手，用磁带录音机自说自录下来的，然后由整理者根据录音整理成文字，再由杨先生亲自校核。再后，他老人家身体渐衰，为了"减负"，改由其女儿杨家翔和女婿远泽清先生协助校核，遇有疑难时，则仍由杨先生亲自审阅。

由于杨先生品德高尚、行事低调、不慕名利，因此，他在自述中常常是讲别人的成果和团队的作用多，谈自己的功劳少；涉密的部分（虽然现在许多已经解密了）更是慎言。为了让读者了解背景资料，不得不从对他人的专访中，或是一些公开出版的作品中择取部分，以适当的形式进行补充，这些都在文中标出了。在这里要特别感谢李虎侯先生接受采访，感谢王方定院士为本书写序。

令人欷歔的是，就在本书付梓时，杨承宗先生不幸于2011年5月27日与世长辞。这是中国科学界、教育界的巨大损失。同时，也使本书的整理者和编辑、出版者更感到责任的重大，对书稿又作了进一步的校核，希望能以此书的出版，作为对杨老最好的怀念。

杨承宗先生的口述史因为时间跨度太大，涉及的中外人物、历史事件太多，整理者在核对时间、人名、地点时，虽然务求准确、真实，可是由于学养不足，功底不够，很可能存在差错，责任自然应由整理者承担，也希望读者不吝赐教。

边东子
2011年6月5日于北京

青少年时期的教育很重要，年轻的时候记忆力好，可塑性强。如果不教育年轻人正确处理国家、人民和个人的关系，他就会学不好的东西。因此，"修身、齐家、治国、平天下"，就是从小要把品行修好，学会尊重别人，把家庭搞和谐，把社会关系理顺了，再去考虑治理天下。这就是我的感受。

第1章 我的青少年时代

"老子才是生来就革命的"

我是1911年9月5日（宣统三年七月十三日）出生的。出生地点在吴江县八坼镇北港街东头一个周姓人家的院内。这一年的10月10日，中国发生了震惊历史的辛亥革命。"文化大革命"当中，有人自我标榜"老子生来就革命"，我真想跟他们开个玩笑说，"老子才是生来就革命的呢"。

在前辈当中，我记忆深刻的只有父亲和母亲了，对祖父、祖母，我一点印象都没有。因为我出生的时候，除父母外的其他长辈都去世了。那时候人们的寿命比较短，六七十岁就算很长寿了，"人生七十古来稀"嘛。

我家祖辈世代务农，到了我曾祖父那一代才有了改变。他除了务农外，还稍带搞一些农产品的粗加工，已经不是纯粹的农民，有一点商人的成分了。他用赚来的钱，在沈家港这个地方建了一个四合院。我父亲就出生在这个四合院里。中国那时正处在大动荡中，到了我祖父那一辈，刚好

1929年杨承宗（右2）偕夫人赵随元（右5）与父亲杨蔼如（中）及家人在一起

是鸦片战争前夕，英国用鸦片毒害中国人民，我祖父也受到鸦片的毒害。我曾祖父传下的家业到我祖父去世的时候，已经所剩无几，因此我父亲出生的时候，家中又返贫了。我曾经听父亲讲过祖父去世的时候家里的穷困状况。我父亲书念得很少，在村子里跟私塾老师念了3年就念不下去了，因为私塾也是要交学费的。后来我父亲就从黎里到八坼镇的米行当学徒去了，那时他才13岁。这样，他实际上只念了3年私塾，文化程度不高。但是他非常努力，写得一手好字。我也爱好书法，但是他比我的字写得要好。在我认识的人里面，他写的毛笔字最好，我现在还保留着他的遗墨。他打算盘也打得出神入化。以前的商人打算盘是业务需要，一时也不能离开，和现在用电脑一样。他打算盘是用"飞归法"，乘除都用飞归法，算得很快，也很准确。他打算盘的本领，我后来一直也没有学会。他的字写得好、算盘打得好，小有名气，在当地称得上是"字算双绝"。他还可以一边用左手拨算盘,一边用右手写字记账。这种扎实的基本功,对经商的人来说是非常重要的。因为他的工作非常出色,后来就由学徒被聘为正式雇员,又从普通雇员升为账房先生。我就是在他当账房先生的时候出生的。从个人角度来讲,我还是比较幸运的。因为我刚好出生在家境比较好的时候,经济上比较宽裕,遇到的周折也比较少。这也是因为我父亲的工作有成就。

我念书念得比较早。那个时候,我们那里没有幼儿园,我就跟着小姐姐,她比我大4岁,叫杨锦心。她到哪里,我就跟到哪里。她上小学,我也跟着她在我老家小镇上的初级小学读书,那时我才5岁。

我在老家一直读到小学四年级,也就是小学毕业。因为我们那里没有高小,就只好跟着小姐姐到同里去读高等小学。那年我才9岁,9岁就离开家乡了。现在同里已经是江南名镇,旅游胜地了。在同里这个地方,我确实是受到了扎实的基础教育。我现在还记得,一进同里小学的校门,就能看到一个亭子,亭子里有一个石碑,碑文的大致内容是记述校董章炳麟如何创办了这所小学。章炳麟就是章太炎,同盟会会员,曾经跟着孙中山闹革命的。这个学校非常重视《论语》、《孟子》等中国传统文化的教育,但是对数理化等现代科学不大重视。我进高小一年级,念的第一课就是《孟子》:"孟子见梁惠王……"可见我启蒙的思想基础还是孟子教我的,孔孟之道比较多。

求学上海

我在同里小学读了3年,那时的高小是三年学制。12岁那年,我从同里小学毕业了，就到上海去念书。开始，我在南洋中学附属的上海寻源中学学习。这个中学虽然不像同里小学那样念《孟子》、《论语》，但也是老式的，我从法国留学回来时，还保存着那所学校的教科书。

那时军阀混战，这个中学在炮火中被毁掉了。我只好到上海南市的大同大学附属中学去念书，那时候也还是打仗。1924年9月，皖系军阀卢永祥与江苏齐燮元在淞沪地区打了一场恶仗，叫做"江浙战争"。大同中学被迫停课了。我就一个人去黄浦江边挖蟛蜞，就是小螃蟹。回来时要经过铁路，我刚走上一座天桥，前面就戒严了；我想退回去，天桥那边也戒严了，进又进不得，退又退不得，一个人被困在了天桥上，我只好站在天桥上看风景。几分钟后，有一列货车开过来了。我居高临下，清清楚楚地看到一大堆死尸被人用挠钩从闷罐车里弄到汽车上，就像现在装冷藏车一样。我当时怕得要命，正好下面有人在喊："不准看！"我就下了天桥，沿着站台走，想走出车站。走了不知多久，看到一辆货车不像货车、客车不像客车的车厢里，放着一口棺材，前面摆着锡制的烛台，插着白色的蜡烛，还有一个标志"某某团长"如何如何，原来是一个军阀部队的阵亡军官。新中国成立后，我学习政治，读到"人固有一死，或重于泰山，或轻于鸿毛"时，很有感触，想到那些人为军阀的利益而死，替剥削人民和压迫人民的人去死，真是轻于鸿毛，毫无意义。年轻时记忆力好，这种可怕的、恶心的事也记了不少，直到现在想起来还毛骨悚然。

由此也想到，青少年时期的教育很重要，年轻的时候记忆力好，可塑性强。如果不教育年轻人正确处理国家、人民和个人的关系，他就会学不好的东西。因此，"修身、齐家、治国、平天下"，就是从小要把品行修好，学会尊重别人，把家庭搞和谐，把社会关系理顺了，再去考虑治理天下。这就是我的感受。

我在乱世中倒也见证了许多历史事件。比如，1925年，孙中山在北京逝世，同年4月12日，上海各界人士约10万人在公共体育场召开追悼会，追悼孙中山，我也参加了。因为我就站在主席台下，所以目睹了那个大会的庄严、隆重。我见到宋庆龄是参加了追悼会的。

大同大学附属中学比较好。因为我是同里小学高小毕业的，中文基础比较好，学得比较多，也比较扎实，写文章时词汇就运用自如。因此，我在大同大学附属中学毕业时，中文就多了几个学分。那时大同大学有规定，附中的毕业生如果升入大同大学，可以承认中学的学分。因为我不愿意损失几个学分，就在1929年进了大同大学的理化学院学习。这所大学是1912年创办的，前身是北京清华学堂的教师胡敦复等人在上海建立的立达学院。社会上对这所大学的评价很不错："该校办理，处处经济，绝不浪费。教员刻苦耐劳，精神贯注，学生朴素好学，教师辅导学生自动研究，尤为可贵。"

大同大学培养出了不少人才，比如物理学家钱临照院士、当过北大校长的数学家丁石孙院士、地球物理学家顾功叙院士、当过水利部部长的钱正英、当过教育部副部长的黄辛白先生等，都是在这所学校毕业的。当过外交部部长和国务委员的钱其琛也曾经在大同大学附属中学学习过。这所大学在后来的院系调整中被拆分到复旦、同济、华东师范等院校中去了，没有了，很可惜的。

就在这一年，也就是1929年，我结婚了。这里简单地介绍一下我的妻子赵随元女士。她于1911年11月5日出生在江苏省吴江县的横扇镇。她的祖父是横扇镇民办教育事业的开创者。她的父亲赵伯铨先生是清朝的秀才，也是一位热心教育的人，是横扇劝学会会员。劝学会是一个致力于发展教育的民间机构。我的这位岳父曾经和镇上另一位吕姓的同仁一起扩建了横扇小学。1910年他又在四都村创办了崇吴学堂,后来这所学校改名为"横四国民学校"。在赵伯铨先生的培养教育下,我妻子的两位哥哥赵升元和赵鼎元先生,也都为横扇镇的教育事业做了不少好事。我妻子当年读书的"爱德女学"也是一所很好的学校。这所学校的校长姓钱,可是他不爱钱。他自己家的房很简陋,他说:"房屋只要能供我一代居住即可,子女有志气有出息,他们自会造大屋。反之,子女不肖,再好的房屋也留不住。"

有这样的家庭和学校教育,我的妻子自小就养成了自立自强,不取非理之财,不受不劳之获,宁守清寒,洁身自好的美德。1928年,她从"爱德女学"毕业了,成绩优异。不巧的是,她的哥哥赵鼎元也在这一年中学毕业。因为家庭经济有限,只能供一个孩子上大学,那个时候又重男轻女,她只好忍痛把上大学的机会让给了哥哥。哥哥没有让妹妹白白作出牺牲,不但考入了上海沪江大学,后来还参加了路易·艾黎等人开创的、受到中国共产党人支持的"工合运动",为抗战胜利作出了贡献。不过,我妻子一生没有上大学,到底还是一件憾事。

我在大同中学毕业的时候,正好遇到了学制改革,小学原来是7年,改为6年;中学原来是4年,改成6年。可是我因为多了几个学分,在大学仅读了3年就毕业了,成绩还不错,7门功课全优。那时我是22岁。

1932年在大同大学毕业后,我教了两年书,先后换了3个学校。第一个是私立爱国女子中学,是蔡元培先生办的,只教了1年。以后父亲不许我教女校,因为我年纪轻,那里都是女孩子,他的"男女授受不亲"的观念很重,很不放心。我只好辞职不干,到暨南大学去教书了。暨南大学是华侨办的,当时在上海附近的真如,火车经过那里时有一个小站。我在暨南大学物理系当了半年助教。后来,暨南大学闹学潮,把校长赶走了,学生也都跑掉了，书当然也教不下去了。

这时，大同大学的曹惠群校长就介绍我到安庆去教书。1934年上半年，我来到安徽安庆，那里有个安徽省立第一高等工业职业学校，我就在这所学校教"理化"，也就是物理、化学两科都教。这个学校待遇优厚，月薪100多块大洋，可就是总欠薪。我教了半年书，只拿到了两三个月的工资，所以这个"待遇优厚"实际上是空的，根本没有保障。放暑假回家，我就到上海去，向大同大学的曹校长汇报这个情况。安庆交通不好，环境也不好，轮船的三等舱、四等舱里可以公开抽鸦片烟，乌烟瘴气。

1932年上海大同大学毕业

曹校长告诉我，北平研究院有个工作，问我愿意不愿意去。这个工作本来是他的大儿子曹有德的，后来曹有德获得了一个到美国学习的机会，这个位子就空出来了。听说能到北平研究院去，我觉得是个机会，当时就答应了。1934年9月，我把夫人留在了苏州，只身到了北平。当时从上海到北平，火车要走两天两夜，对此我印象很深。

那时候中国人对放射化学很不了解，还真闹过笑话。"Radio"不就是"无线电"吗？因此有人就望文生义，把"放射化学"硬译成了"无线电化学"。因为我很喜欢无线电，这也增加了我的好奇和兴趣。所以就抱着对"Radiochemistry"的向往，去学习放射化学了。那时候我根本不会想到以后会搞原子能、原子弹。

第2章
不平静的北平

郑大章先生

我到北平的时候,严济慈先生是北平研究院物理研究所的所长。我周围都是物理所的人,所以认识了许多研究物理的人。我们同住一个卧室的有五个人。第一个是张洪杰,搞地球物理的,在北平研究院时跟外国的兼职研究员一起,常到各个地方去考察。他经过大渡河的时候,带回来一瓶茅台酒给我。我放在柜子里,整个房间都是香的,比现在的茅台酒好。第二个人是翁文波①,第三个是我,还有一个是白松健。第五个就是方生衡,是连方瑀的父亲,也就是现在国民党名誉主席连战先生的丈人。当时的宿

---

① 翁文波(1912—1994),地球物理学家、石油地质学家,中国科学院院士(1980)。1934年毕业于清华大学物理系。1939年获英国伦敦帝国大学哲学博士学位。曾经参加大庆油田地球物理勘探和有关地震预报等方面的工作。因为对大庆油田的重大贡献获得国家自然科学奖。曾任石油工业部勘探司总工程师、石油科学研究院副院长、中国地球物理学会理事长。

舍是四合院的一个厢房，现在不知道做什么用了。那里曾经是贝勒府，房子还是比较结实的，也宽敞。五张床一溜排开，中间有一个长桌子，很大。他们经常讲老北京的事情，风俗、地理、饮食、传说等等，什么都讲。翁文波是清华大学毕业的，他是老北京，讲起来一套一套的，反正我是第一次到北平，他"吹牛"我也不知道。

我到北平研究院向严济慈先生报到时，就是翁文波领我去的，因为我刚进门，不认路。严先生见了我，问的第一句话，我就听不懂。在安庆时我就有语言困难，严先生讲浙江东阳话，我就更不懂了。翁文波就笑了，他说："严先生问你，在来研究院的路上日本兵多不多。" 1934 年的时候，北平城里的日本兵已经很多了。

当时的北平研究院镭学研究所在北京东皇城根 42 号大取灯胡同西口。严济慈是所长，副所长是郑大章。郑先生手下就是我，当时一共就这么三个人。而严先生还是兼职的，我可以算得上是郑先生唯一的兵了。讲到北平研究院镭学研究所，讲到中国的放射化学，就不能不讲到郑先生。

郑先生是把放射化学引进中国的第一人。他是 1904 年出生的，安徽肥东撮镇人。从 1929 年到 1933 年，他在巴黎居里实验室学习了几年。严济慈先生是 1928 年左右到巴黎学习的。因此，他和郑先生是同时代的人，在巴黎他们就认识了。严先生经常到居里实验室去，他虽然没有在那里工作过，但是他认识了老居里夫人以及她的大女儿伊莲娜·居里。郑大章先生是老居里夫人亲授的弟子，这是中国人的骄傲和光荣。

说到这里，就要简单地介绍一下巴黎居里实验室的情况。中国科学家和法国巴黎的居里实验室有很深很深的缘分。

19 世纪末叶，欧洲的科学发现和发明非常多。在这一时期，居里夫妇正当年，在科学研究上已经成熟。1898 年他们首先发现了钋（Po）。过了几个月,又发现了比钋放射性更强的元素"镭"(Ra)。他们把自己的发现写成两篇文章,相继发表在法国科学院院报上,但是并没有引起特别的注意。首先是因为那时是欧洲的发现和发明最兴旺的时候,成果非常多,他们的成果被淹没在许许多多引人瞩目的成果中。另外还有一个原因,就是当时有一位研究化学的法国科学院院士叫阿玛伽(Emile Amagat),他带头否认居里夫妇的发现。因为这两个元素放射性很强,可是放射线又是看不见的。阿玛伽就说,我们化学上面从来没有看不见、摸不着的东西,化学就是研究物质的。他没有意识到放射线也是物质的。居里夫人就要提炼出一种放射性的物质来证明放射线也是物质的。因此,居里夫人就不得不花了4年的工夫,来证明自己的发现。奥地利科学院的一位院士,叫做希里士(Suess),把100千克提炼铀之后的矿渣送给居里夫人,供她做实验用。这种矿渣放射性很强。那时铀主要是用于瓷器上面上颜色的。当然,也还有其他一些用处。因此,居里夫人的实验材料不是铀矿石,而是100千克的沥青铀矿渣。她在一个简陋的棚子里整整花了4年工夫,才提炼出几十毫克的东西来,放射性很强。到了1902年,她拿出了真正看得到、测得出、有分量的东西来了,这就是镭(Ra)。以后她又把镭的原子量定下来了——226,还把它的化学性质研究出来了,那个阿玛伽没话说了。所以,这个4年时间才是放射化学奠基的时间。

1906年居里先生因为遭遇车祸去世了。他在巴黎大学的课由居里夫人代替,有了专门的课堂和实验室。这个实验室后来就成了居里实验室。许多国家都派学生来这里学习放射化学,外国学生比法国的学生还要多,其中包括德国人。有个德国人叫盖特茨,20世纪30年代曾经到居里实验室来学习了几年。这个盖特茨后来在德国入侵之后,和居里实验室还有一段故事,我们以后还要讲到。那个时候在世界范围内,在放射化学方面,居里实验室占绝对优势，是公认的世界第一，第二就是德国人。现在是美国第一了，那时美国人是排在后面的。论放射化学，那时候，居里实验室就是第一把手，就如在生物化学领域巴斯德实验室是第一把手一样。

郑大章先生通过论文的时间是1933年12月，获得了法国国家理化博士学位。刚过了年，大概是1934年的二三月吧，他就回国了。因为他和严先生在巴黎就认识，所以一回国，严济慈先生就把他请到了国立北平研究院物理研究所。郑先生一到北平研究院，严先生就新开了一个"镭学研究所"，那是1934年初的事。因为郑先生刚回来，对国内情况不熟悉，所以正所长由严先生兼任，郑先生担任副所长。那时就他们两个人，连个"兵"都没有。

在我到达北平之前，发生了两件重要的事。一是1934年的夏天，大概是7月，郑先生在北京中山公园的"来今雨轩"举行了婚礼。他的夫人肖晚滨女士也是在巴黎的留学生，湖南人，念数学的。最近我才听说，他们结婚时，蒋介石还赠送了贺仪。

也就在这一年的7月4号，老居里夫人，就是玛丽·居里，不幸去世了。那时的信息传播得不像现在这样快，到了10号左右消息才传到中国。大概就在十几号，北平学术界召开了一个规模很大的追悼会。

我是从1934年9月开始，向郑先生学放射化学的，我们在北平一直工作到1936年初，有一年半时间。

初涉放射化学

那时候，以居里实验室为首，国际上对天然放射性元素的研究工作风

1935年国立北平研究院物理-镭学研究所同事在北京西山大觉寺留影。后排左1郑大章、左3杨承宗、右1严济慈、右4郑大章夫人

起云涌,新的放射性元素、同位素被接二连三地发现,放射现象的理论已经初步形成系统。世界上刚刚承认放射化学是一门新兴学科。而那时,中国对放射化学几乎是一无所知。我上大学的时候,所有的教科书上都没有放射化学的内容。当时只有一本著名的物理教科书——《普通物理》比较先进一点,那本书也只在最后一章稍微讲了一下"放射性"。

当我们大同大学的曹校长介绍我去北平镭学研究所的时候,我就赶紧了解什么叫"放射化学",总要有些入门知识才行吧。放射化学的英文是"Radiochemistry",如果仅从字面意思看很像是"无线电化学"。那时候中国人对放射化学很不了解,还真闹过笑话。"Radio"不就是"无线电"吗?因此有人就望文生义,把"放射化学"硬译成了"无线电化学"。因为我很喜欢无线电，这也增加了我的好奇和兴趣。所以就抱着对"Radiochemistry"的向往，去学习放射化学了。那时候我根本不会想到以后会搞原子能、原子弹。

郑大章先生是1934年1月或2月到北平的，比我早半年多一点。他到北平来的时候，中国人不仅不了解放射化学，更没有相关的研究设备，既没有放射源，也没有研究放射线的探测仪器。1935年，郑先生通过比利时驻中国使馆要了些铀矿石，因为今天的刚果（金）当时是比利时的殖民地，叫"比属刚果"，那里盛产铀矿。那时的铀矿石并不太值钱，比利时大使馆还真的给搞来了铀矿石。铀矿石是通过邮局寄来的，用一个像大饼干桶那样的洋铁皮箱子装的，焊得严严实实的，有10千克重。这些铀矿石中有一块很奇特，呈半球状，圆溜溜的，一层裹着一层，湿湿的，发亮，像沥青一样，含铀比较多，是铀矿里面最古老的。它的最里面是黑色的，像月饼里的馅一样，这是八氧化三铀。紧裹在外面的红黄色的是经过空气氧化成的三氧化铀。再外面浅黄色的一圈，是经过又一次化学分解的二氧化铀。最外面的沙土样的，是铀酰盐，比较复杂，起到了保护矿石的作用。这块半球状的矿石直径约8厘米，黑色部分的直径有3厘米，是个芯子；红黄部分和浅黄部分各约1厘米；而最外层的沙土样的部分是比较厚的。这是非常好的实物标本，是经过许多地质年代才形成的很难得的地矿标本，我一直舍不得用掉。铀的化学性质都有充分表现，直观可鉴，都不用再费口舌讲解了。这些矿石质地非常好，我分析过几次，含铀80%多，几乎是纯的，最少的也含铀元素70%。这就是中国从外国进口的第一个放射源。我们抗战时搬到上海，这个放射源和当时从北平市场上买到的几瓶硝酸铀酰都留在北平了。后来我在中国科技大学讲授放射化学、无机化学课时，还用它做过标本。

在北平镭学研究所的时候，我们还测过温泉中的含氡量，当时人造放射现象尚未确立。要在中国进行放射化学研究，唯有从自然放射元素开始。自然界放射性元素的鼻祖是铀，有了铀才可以有镭，有了镭才可以有其子体，才具备探索人造放射性的条件。但中国的铀矿在哪里？人们不知晓。于是以捷克的育新斯泰铀矿附近的温泉水中含有高浓度的氡为借鉴，郑大章带着我测量了我国各地著名温泉水中氡的浓度，以便在国内寻找铀矿。

全国那么多著名温泉，我们怎么跑得过来呢？而且，那时交通不便，社会也不安定，还有日本军队捣乱，经费也不够。因此，我们只好请地质部门把各个地方的温泉水装瓶寄来，一瓶装一升。许多样品到了北京就一点放射性都没有了，因为时间长了。其中只有一个样品，记不大清是重庆的还是成都的，反正是四川来的样品，那里寄来的两升水还有点放射性，有测量价值。那时我们根本就没有条件到四川调查放射性的来源，他们能把样品寄来，我们就阿弥陀佛了。后来也测过北京小汤山温泉的放射性，我去过一次。那时到小汤山温泉没有现在方便，没有汽车，因此只去过一次。这是我在北平研究院跟郑先生做的第一个科研课题，1935年写成了论文《西山温泉所含氡量之测定》发表于《国立北平研究院学报》上。国外在20世纪60年代曾经用这种方法寻找铀矿并取得了成果。

在郑先生的指导下，我们做了钋（Po）的放射性实验。我们自制了一个测量放射性的仪器，用荧光法测量放射性。它的原理就是：一个阿尔法粒子打到涂有荧光粉的荧光屏上，就出现一个亮点。这种荧光屏是最原始的探测仪器。

钋的放射源有了，荧光粉是郑先生从法国带来的。我自己做荧光屏，在暗室里把钋源放在底下，把阿尔法粒子打在荧光屏上面，就发出闪光。在漆黑的背景下，在显微镜里，我忽然看到了点点绿光，真是高兴极了。这在当时是有记录的。这是在中国第一次用中国自制的荧光屏，做阿尔法粒子的放射实验，也是一个历史记录吧。

测量铀的同位素，那时有多种方法，用荧光法只是其中的一种。这种方法做起来非常困难，荧光屏上的荧光粉涂得厚了一点不好，涂得薄了一点也不好，而且还不十分准确。再说当时我们也没有那么多荧光粉。我后来到了巴黎，看到荧光粉就买了很大的一瓶，那是后话了。

在国际上，1932年才创造出真空计数器，那时只能分析氢1（氕）、氢2（氘），当时的国际水平也只能分析质量数为十几的元素。这样，盖革计数器就应运而生了，它是当时最新、最准确的办法。

为了进行准确的实验，在郑先生的指导下，我独立制作了一个盖革计数器（GMK），这是一种粒子计数器，我学会了用盖革计数器测量铀的同位素的分子比例，这在中国也是第一次。当然，具体要求是他提出来的，用盖革计数管的方法也是他教给我的。

那个时候国内哪里有盖革计数管呀！我只能根据书上的介绍，自己做。那时还没有光电的，是利用"钟罩现象"制作的钟形计数管，在钟罩形的玻璃容器里，装有两个电极，外面是阴极，里面是一个针尖形的阳极，是用留声机里的唱针做的，再把钟罩里面抽成真空。电路是自己焊的，下面是用云母片，可以把阿尔法粒子通过云母片打到钟罩里。电池是买的，100伏一箱的电池，买了10个，总共用1 000伏，电压很高了。

通电后，这个空间当中形成高压电场，差不多有1 000伏，假使有一个粒子通过时，这个粒子就会带电。既然带电，就会引起放电，有放射性的时候，就会"啪"的一声放出火花，也就是一个脉冲。这个火花我们看不见，可是如果使用无线电放大器放大，由喇叭放出声来，就可以听到声音。我们利用这个现象，证明了铀矿放射线里面，有两种阿尔法粒子，就是铀1和铀2。铀1就是铀238，铀2就是铀234。其实，这两种铀的同位素和它们的比例,在国际上早就测出来了,铀234占了铀238的4%,绝大部分是铀238。我们这是学人家,通过这个实验证明一下。

这个实验前后做了一年工夫,是1936年结束的。实验工作,我做得比较多,郑先生让我写出报告来。那时写文章也不考究,只是写个素材。这是我学放射化学后,第一次写成的实验报告,证实了铀234对铀238的比例,题目叫"用盖革计数法测定铀的分子比例",发表在北平研究院的院刊上。

1935年我们还做了一个课题,就是"用计数法直接测定铀镭系和铀锕系的放射性"。一直到1935年底,工作已经做完了,文章还没有发表出来。这时,国家发生了大事情,因为日本帝国主义侵占北平的野心已经很明显,包括北平研究院在内的四个单位都开始搬家了。这篇文章我记得是发表在《物理学报》上的,它是中国物理学会的会报。文章发表的时间是1941年,这时的中国物理学会已经转移到贵州去了。发表时,郑先生署名在前面,但这时候郑先生已经去世了,因此文章上注有"作者之一郑大章先生已经去世"。这句话不是我写的,是人家加上去的。我是在抗战胜利之后才知道的。这篇文章还曾经在法国《物理与镭学》期刊上发表,那肯定是郑先生写的,因为那时我还不能用法文写文章呢。

有关放射化学实验的论文报告为什么要发表在《物理学报》上呢?1947年,北平研究院的院长李书华让我帮助一位中国学者联系参观居里实验室。在参观时,这位中国学者提了一个问题:"在你们居里实验室里是物理学家多呢,还是化学家多?"

伊莲娜·居里回答说:"我们的工作处于物理和化学之间,研究的是化学的元素,可是测量的工具需要物理学的基础,主要是测量放射线。很难说是物理重要还是化学重要,假使他是一个化学家,他就要学物理;要是一个物理学家,他就必须懂化学。"

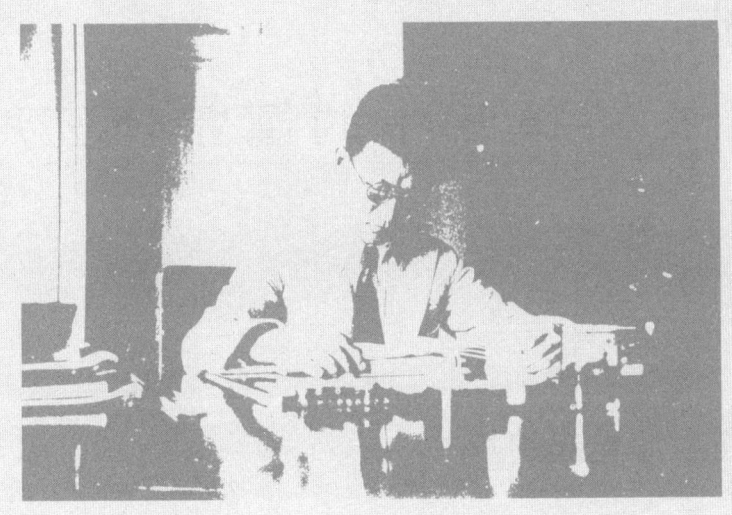

　　我打定主意，不能与汉奸合作，也不愿意与他们接触。这与郑先生的言传身教有关系。前面说了，在北京的时候，郑先生的舅舅王揖唐是华北伪政权中的大官，他要郑先生做伪教育部部长，可是郑先生拒绝和汉奸合作，冒着危险，和夫人一起来到上海。他就是我的榜样。在我的心里，做人要有人格，不与汉奸为伍是很自然的事。

第3章
上海租界中的镭学研究所

在上海重起炉灶

北平研究院的院址在中南海里面的怀仁堂西四所。北平研究院其他几个所的人经常在那里进进出出，我没有去过。我后来住在中关村13楼的时候，还保存有一本书，专门介绍国立北平研究院的，还有一个通讯录，上面的人不少，包括兼职的。还有许多外国人，法国人、瑞典人都有。中国人大概有几百个吧。但那时真正在北平研究院工作的人很少。物理研究所只有十来个人。镭学研究所除了郑先生和我，1935年下半年还来了一个姓李的，叫李鉽，后来跑到外国去了。他是中法大学毕业的，没有毕业之前曾在我们北平研究院镭学研究所做些实验，毕业以后就留在所里了。在这个通讯录上面，镭学研究所一栏中列有四个人，其中一个是曹有德，就是大同大学曹校长的儿子，他没有真正来镭学所，直接出国了。

1935年的时候，蒋介石政府和日本订立了一个《何梅协定》，规定国民政府的军队要退出北平。北京是中国的古都,中国军队却要从自己的土地上撤出去,这就激起了民众的愤怒,所以大家对蒋介石那个骂啊,骂得很厉害。

日本帝国主义侵占北平的野心也就很明显了,中国军队撤了,当时北平有些重要的大文化机构也要撤退,故宫博物院、北京图书馆、清华大学、北平研究院等都要撤。当时北平研究院在上海有些基础,就准备搬到上海。所以,我们搬过去的还不单是物理研究所和镭学研究所,还有北平研究院的其他一些单位。

1936年初,我被严济慈先生派到了上海。严济慈先生为什么要派我呢?因为我是南方出生的,中学和大学都是在上海读的,对那里比较熟悉。其他人都是北方的学校毕业的。

我和夫人是1935年初秋刚刚搬到北平来的,当时是住在安定门内大街,宽街南边一点,大佛寺附近,那时叫"大佛寺大街"。那边有一个二层的小楼。这小楼是很有名的。我们就住在小楼上。因为我们是初秋来的,所以感觉很不错,风景挺好。过了两个月,深秋了,北平冷得厉害。那时我们有个同乡叫赵汉民,他从德国留学回来后,长期居住在北平。他来看我的时候,就对我夫人讲,你赶紧另外找个地方,这里冬天会很冷的,因为北京冬天的北风是很厉害的,小楼高出周围的建筑,墙又薄,风一吹就透,真的是"高处不胜寒"。我夫人机敏,马上就搬家。现在这个小楼属于北京市第六人民医院了。那时,那里还有个中医院,小楼在中医院的北边,我夫人就在中医院南边的一条小胡同里租到一位姓纪的老太太家的北房,她自己一家人住南房。那时,房间里还是烧炕的,我们就睡在炕上。我刚刚搬好了家,买了些家具,还没有完全安顿好,连烧炕都还没有学会,就又要搬迁到上海去了。我们只好把新买的家具等不少东西,寄存在一个朋友那里。他姓陈，是北京人。后来我从法国留学回来，第二次到北京时，我的夫人还去找过他，那时他去美国了。我的夫人找到了他的父亲，还认出来哪些东西是我们的，因为当事人不在，当然不好要回。对我个人来说，这个损失好大！

1936年初，严先生要我陪他去上海，要为研究所撤退找一个落脚点，下一步怎么办，谁都不知道。为了安全，到上海建立化学实验室，地点选在法租界的福开森路（现在叫武康路）395号。那里曾经是叶恭绰的公馆，此人曾是国民党政府的重要官员。这是一个连地下室共四层的小楼。我们的隔壁393号是一个民间组织，叫世界社。我们以世界社为邻，希望得到世界社的某种支持，总是希望有个靠山吧。其实他们也没有给我们什么支持，他们干他们的，我们干我们的，他们也不给我们吃，也不给我们喝，连一粒粮都没有给过我们，甚至还不让我们进去。世界社的社长是李石曾，也是我们北平研究院院长。我知道他，他不认识我。他是院长，我是下边研究所的一个"小不拉子"（吴地方言，原指小孩子，常借指职场上资历浅、级别低的员工）。

刚到上海时，根本谈不上做研究工作，因为我们两手空空，要另起炉灶，只能全力以赴做实验室的设计或改造。

为了把这个四层的住宅小楼改建成实验室，我着实花了不少气力。严济慈领我进393号的世界社，介绍了一些装修工人，有一个木匠、一个瓦工、一个电工和一个玻璃工。那个时候上海的工人很能干，分工不是那么详细，样样都会一些。一个姓唐的师傅是工头。我就每天带着他们一起干活。从设计改造方案到采买实验器具和药品，从物品的搬运装卸到瓶瓶罐罐的整理布置，全得靠自己撑起来，既要实用又要考虑省钱。

当时第二层是留给北平研究院药物研究所用的，第三层是镭学研究所用的。第一层可用面积比较小，是两家合用。由于实验设备中经常需要自己加工一些零部件，我就在第一层安装了一台金工车床和一台钻床。地下室则临时存放一些杂物。第三层共五个房间。我把它们分别改造成为化学、测量、放化等五个实验室，其中放射化学实验室最大，大概六七十平方米，摆了两张实验桌，装了两个通风柜。通风柜特地设计成使用自然风通风，而不是用电抽风，这样可以节省电费。但是时间长了，实验室酸性腐蚀太厉害，不久就转不动了，当时要是有不锈钢材料就好了。

镭学所的人，我是第一个到上海的，几个月后第二个到镭学研究所来的是陆学善先生[①]，他是搞晶体物理研究的，在英国拿的博士学位。对我来说，终于有个头头了，因为那时他已经很有影响了，我只是一个助理研究员。

北平研究院药物研究所原先就在上海，房子在上海的南市。自从我们镭学研究所搬到法租界福开森路395号，他们也跟着搬进来了。

相对我们来说，药物研究所的地位更高，为什么呢？因为他们所长赵承嘏比陆学善的资格还要老。他是属于郑大章那个辈分的，等于说，在我们上面还有一个更高的长辈。后来，赵先生的家也搬到隔壁的小洋楼里面来了，他家在这里一直住到1944年。赵先生底下的研究人员普遍都要比我大10岁，比如梅斌夫，他也是吴江人，我在北平的时候就认识他，住家在东皇城根。

---

① 陆学善（1905—1981），浙江湖州人，物理学家。中国科学院院士（1955）。1928年毕业于南京东南大学。1933年清华大学研究院毕业。1936年获英国曼彻斯特大学博士学位。曾任北平研究院晶体室主任，中国科学院物理研究所代所长。他是中国晶体物理学研究的主要创始人之一和X射线晶体学研究队伍的主要创建人。

发现 β 射线的散射现象

1936年的冬天，严先生到上海来检查工作，他启程赴上海的时候，刚好是西安事变的前一天，也就是1936年12月11日这一天。因此西安事变发生的时候，他还在火车上，火车要走两天。那时的通讯广播很落后，在火车上得不到任何信息，因此，他根本不知道西安事变。到了上海，我给他讲了西安事变扣住蒋介石的事，他大吃一惊。

1937年到1938年之间，郑大章先生来了。他是在什么样的情况下来到上海的呢？七七事变之后，日本帝国主义的军队占领了北平，王揖唐在伪华北临时政府中担任要职，他要郑大章去做伪教育部部长。郑与王是甥舅的关系。郑先生很爱国，坚决不跟汉奸合作，于是就和夫人一起偷偷地离开北京，从塘沽上船，到了上海。

郑先生来了之后，把实验室建得完善了，把工作也进行了调整，在极其困难的条件下，我们还坚持开展了一些研究工作。

1938年到1939年，哈恩和迈特纳等人发现了核裂变现象，到了1939年1月15日，德国《自然科学》发表了文章，肯定了他们的发现。1939年的年终，上海的《字林西报》对此做了报道，登出了豆腐干大小的一块新闻。《字林西报》是一家英文报纸，那时我外文不大好，不大看外文报纸。郑大章先生首先看到了，他把这张报纸拿给我看。那消息说，铀的原子核可以被中子打破，发生裂变，产生巨大的能量。看到此文后，我对放射化学的认识产生了一个大转变，原来用放射化学的方法能够证明铀的原子核可以被中子击破，发生裂变，产生很大很大的能量。

到了1941—1942年,我们在上海的工作稍微有了一点点起色。那时没有正式的规划,也没有什么明确目的,我还不知道将来做什么工作,就是瞎摸啦。我想,我搞放射化学,要有放射源。北京有一点放射源,一是郑先生向比利时大使馆要的刚果产10千克铀矿石,还有就是买的溴化镭,有2毫克。后来严先生还买了50毫克的镭。这些都没有带到上海来。我没有放射源,只能用铀的子体做工作。铀的子体就是铀产生的放射线,如阿尔法放射线等。我在上海买到一些铀的化合物,那时铀的化合物是可以随便买的,特别是日本货,一瓶一瓶摆在药房里,500克一瓶,叫硝酸铀酰,到药房就可以买到。能看到的,我都买来了。郑先生还没有来的时候,我在实验中发现了β射线的散射现象。

我用从北平运来的那架极为灵敏的单丝静电计和几公斤硝酸铀酰,又向上海药物所的邻居要了几升乙醚,把铀里面的子体浓集起来。大概花了一年的时间,得到了成果:发现镁234的硬贝塔(β)放射线对铝箔厚度

1936年于上海镭学研究所

的吸收曲线并不是一般认为的呈指数直线下降，而是分成若干段的指数直线，又发现β射线的吸收系数随放射源周围物质的量及其原子序而改变。这个现象成为背散射法鉴别不同支持物质或其厚度的基础。当时工作条件非常困难，战乱中大后方的供应已经断绝，经费只够实验室水、电、煤气的开销。做实验时哪怕是一根点过火的火柴杆都不舍得丢掉，要留着下一次续火时再用。

成果出来后，写了一篇文章叫做"关于β射线的散射"，以后成为β射线背散射现象的实验基础。这篇文章是由我用中文写的，郑先生译成英文，1946年发表在美国的《物理评论》杂志上。这个研究证明可以利用铀的子体的强放射性来鉴别附近的环境元素。这是我发表在国外学术刊物上的第二篇文章。

为什么想起要做这个工作呢？我就是想学居里夫人，先做实验。居里夫人也是做了大量的实验，有了一个偶然的发现。哪怕是为了证明一个猜想，也要开展大规模的实验，这样才能真正搞出东西来。实验科学就有这个好处，它是一步步推进、逐渐展开的。这篇文章，不是大文章，但它是一篇站得住的文章。

郑先生已经在1941年去世了，他没有看到文章登出。在中国，这篇文章的中文版于1947年刊登在《物理学报》第7期上。这是我1940年做完的工作。登出来时，抗战已经胜利了，管学报的是顾功叙。他还给我寄来了30本抽印本，现在我大概还能找到。

1937年"八一三"淞沪抗战，日本人进攻上海，烧杀了一个多月。因为那时日本帝国主义还没有和西方国家开战，它的军队还不能进入租界。我们当时在法租界，我们在这边做研究，那边在打仗，心系两头啊！白天看见黑烟，晚上看见火光，一会儿一团大火，一会儿一团小火，一会儿是一片大火，经常听到"噼噼啪啪"的枪炮声。国难当头，我们心急如焚。

拒绝与汉奸合作

1941年12月爆发太平洋战争之后，日本侵略者开进了租界，派人到我们福开森路395号门口站岗来监视我们。

郑先生身体不好，也可能是精神压力太大的原因，搬到苏州去了。我那时还在上海，和陆学善先生一起在坚持做工作。

郑先生在上海的时候，有一次天热，他光着膀子在吃药。我问他，你吃的什么药？他说是洋地黄，那是治心脏病的药。他说在北京西四附近的西皇城根有个教堂，这是教堂里的一位法国医生给他开的药。他还让我摸摸他的胸口，他的心脏跳得很不规则。我想郑先生的病，在那时也真的没有什么办法，不像现在，医学发达，有很多治疗心脏病的办法和仪器。郑先生的先人曾经跟随李鸿章的淮军在苏州与太平军作战，立下了战功。后来地方上为郑家立了祠堂。郑大章先生回到苏州，因身体虚弱，是我陪他回去的，他就住在郑家祠堂里。我在上海继续工作一段时间，有时也到苏州去。因为自从抗战以后，我的父亲就把一部分家产搬到苏州去了。其实兵荒马乱，根本不知道哪里安全，瞎跑，跑到苏州还算不错。

我回苏州时，当然会到郑家祠堂去看望郑先生，头两次还好。第三次就惨了，我还没进门，就看见有人在郑家祠堂门口的弄堂里烧东西。中国的旧俗里，病人去世了，要把他的衣服烧掉，实际上也是一种消毒的办法。我老远看到，心想糟了，一问，果然是郑先生去世了。我走进去庄重地行了个礼，悲痛万分，觉得头昏目眩。他真是非常可惜的。这位深得居里夫人赏识，有可能给中国原子能事业带来突破性发展的科学奇才，竟默默殒命于苏州的一个破旧的祠堂。这真是国家的悲哀。

我们研究所原来在上海法租界中挂的牌子叫"中法大学镭学研究所"，这也是严济慈先生煞费苦心想出来的。但在太平洋战争爆发后，日本人进了法租界了，法国人自己也站不住脚了，这块招牌自然也就失去了保护我们的作用。

到了1944年7月1号，突然有一群人闯进了我们研究所，那时候还是陆先生主持工作。来人为首的自称是汪精卫政府的教育部部长褚民谊①派来的。褚民谊也是留法的。他对这个所的了解比我还多。他是从上层了解的。因为药学研究所的赵先生和褚民谊熟悉，因此，褚民谊的人不去找他们的麻烦，而是来找我们，找陆先生的麻烦。那人说自己是奉褚民谊的命令来接管研究所的，这个人看着不像是官僚，后来和他带来的人谈起来，知道他的名字是侯祥昌，原是北平协和医院的小儿科大夫。他奉了大汉奸的命令，限令我们三天内把镭学研究所的财产整理完毕，交给他接管。我说三天怎么行呢？虽然规模不大，但是三天是不够的，经过讨价还价，同意我们七天整理完毕，到7月7号他们来人接管。我们对汪精卫汉奸政府和他的后台日本人很气愤，但也没有办法，只能是急急忙忙地清点家当，分门别类，编辑造册。后来不行了，化学药品很多，实在忙不过来，我就找药物研究所的梅斌夫帮忙。其实，我一直觉得很奇怪，为什么

---

① 褚民谊（1884—1946），浙江吴兴县人。日伪汉奸。1903年赴日求学。1906年参加同盟会。1920年与吴稚晖、李石曾在法国创办里昂中法大学，任副校长。1924年在法国斯特拉斯堡大学获得医学博士学位。回国后曾任广东大学代理校长、国民党中央执行委员、国民革命军总司令部后方军医处处长、国民政府行政院秘书长。抗日战争爆发后，成为汪伪政府核心人物之一，1946年8月被枪决。

药物研究所就没有被接管,而只是接管我们所。

到了第七天,我们不得不办移交了。那天,侯祥昌把我叫到门厅里面,站在那里和我谈,希望我留下来。我就搪塞说家里有事呀什么的,找些理由推托了,给他碰了一个软钉子。后来他又找了个年轻人来对我讲,要我留下来,我还是说不行。后来他自己又再次来找我,叫我留下来,当然,我还是拒绝了。我打定主意,不能与汉奸合作,也不愿意与他们接触。这与郑先生的言传身教有关系。前面说了,在北京的时候,郑先生的舅舅王揖唐是华北伪政权中的大官,他要郑先生做伪教育部部长,可是郑先生拒绝和汉奸合作,冒着危险,和夫人一起来到上海。他就是我的榜样。在我的心里,做人要有人格,不与汉奸为伍是很自然的事。办移交的时间是1944年7月7号,又一个7月7号,这是我们永远忘不了的日子。我和陆学善离开的时候,心里都很难过,因为经营了八九年的实验室就好像自己的孩子一样,感情上实在难以割舍。我和陆先生拿了一个签好字的本子,走出了大门,在还没有走出镭学研究所的篱笆墙的时候,陆先生长叹了一口气说:"唉,无官一身轻啊。"

光复与出国

1945年8月,美国先后在日本广岛和长崎投下原子弹,8月15号日本天皇就宣布投降了。这时我从上海来到苏州差不多有一年的时间了。陆学善先生离开上海后,逃难到了他的丈人家,也在苏州,离我家还很近。他在9月间遇到我,很高兴。他说到高兴的原因:第一是抗战胜利了,第二是他知道吴有训到上海了。他们以前就认识,陆先生在清华大学研究院的时候，吴有训是他的导师。这次吴有训来上海，事先通知了陆先生。他是到上海来接收敌伪财产的，包括镭学研究所。因为镭学研究所已经被敌伪接收过去了，也属敌伪财产。1945 年的 9 月底，我跟陆先生一起回到上海，重又进入了分别一年之久的镭学研究所。我还参加了位于上海兆丰公园前边的中央研究院的接收工作。因为清点东西我有经验，点过一次了嘛。1946 年，上海兴旺得很，许多和镭学研究所有关系的人从重庆、昆明过来，到上海没有地方住，就住在镭学研究所。我因此认识了很多老先生，如化学所搞有机化学的庄长恭，物理学界的施汝为等。钱临照也回来了，也在 395 号镭学研究所住过一段时间。当然，都是中转的，住的时间都很短。

1936 年秋，我从上海专门赴北平参加教育部组织的中法庚款化学学科赴法留学生考试，评选委员会的中方主任是严济慈先生。我的考试成绩还是不错的。1946 年 4 月，我接到严先生的一封信，说他推荐我到居里实验室去进修，已经得到约里奥－居里夫人的同意，并且把约里奥－居里夫人给他的回信寄给了我。这个信我一直保管着。严先生给约里奥－居里夫人的信，严先生的家人也给我了。我想这些信最好还是由严家来保存，因为不是给我的，"文革"过后，我还给了严家，我只保存了复印件。严先生去世后，在他的老家浙江东阳成立了一个严先生纪念馆，原文就贡献给了纪念馆。

到了 1946 年的四五月间，我接到了约里奥－居里夫人的信，接受我到居里实验室工作，并且替我申请了法国国家科学研究中心的资助金。那时，没有讲具体数字，只讲了什么标准。我想了想当时的情况，日本投降之后，短期内工作不会上轨道。我就回复严先生同意出国。当时可以在上海办出国手续，还要买外汇等等。刚好有一个方便条件，钱临照比较早地从昆明回到了上海，后来在南京中央研究院管事，跟国民政府教育部的人熟悉。我就请他替我去办，所以我一直到离开中国，都没有去过南京。护照、外汇都是钱临照先生和别人替我办的。之后，我拿了居里夫人给我的信，去法国领事馆办签证，法国领事馆二话没有说，就签下来了。

1946年年底，出国的手续就都办好了。到了1947年年初，记得是农历的年初三或是年初四，我就离开了上海。我的父亲和我夫人，带着我的两个孩子，到上海来送我。我的夫人也是很辛苦的，那么多年，我经常是在上海或北平，她带着孩子守在苏州乡下。这次出洋，我本想让她和孩子们来看看大轮船的。那是一艘法国轮船，名字叫"香波里翁"。谁知等我上船找到我的舱位后，再出来想接我的爱人和父亲上船去看看的时候，轮船上的工作人员却不许中国人上船了。那时候我的法语只会很简单的几句，没有办法和他们交涉，很扫兴。

我上船之后的这段时间里，上来一个大人物，当时我不知道是谁，但一看就知道是上海的大亨。那气势大极了，跟着上船来的一大帮，有二三十人，都戴着墨镜。因为从来没有和这种人打过交道，所以我也认不出这个人。后来才知道，此人就是上海青帮的大头头杜月笙。后来我从杜月笙的舱门边经过，用眼睛扫了一下，看见房间里面的人都是恶形恶状的。

和我一道坐船的还有当时国民政府驻瑞士的公使吴南如的夫人，她带着儿子乘船出国。我们一路同行，其间还发生过一件有趣的事，在后面我要讲到的。

　　论文通过了以后,我到宿舍里好好地睡了一觉,一直睡到了下午。后来我们在居里实验室的庭院里举行了一个小型酒会,就是喝点香槟酒,大家谈谈话,没有跳舞什么的。约里奥-居里夫人和许多同事都参加了,一共有几十个人。除了法国人,外国人也很多。还有在居里街11号大院子里的化学研究所、物理化学研究所、生物物理化学研究所的人参加。约里奥-居里夫人发表了热情祝词:"为了中国的放射化学!"

第4章 走进居里实验室

海上见闻

我上船一两个钟头后就开船了,开船时是要打锣的,这还是我第一次听见。我有晕船的毛病。小时候上学要坐船,坐上20里远,得在船上晃半天,我每一次都晕船。因此坐上这种远洋轮船,开始有些发憷,可是没有想到,远洋轮船走得那样稳,以至开船了我都不知道。后来船渐渐地驶到了吴淞口。我在爱国女中教书的时候,因为学校在江湾路,北边不远就是火车站,坐上火车,只要两三站到底就是吴淞口了。我也曾经坐着火车到吴淞口去看过海,因此,也不是第一次看海了。那时感觉大海也没有什么了不起,和我看见过的太湖差不多。后来"香波里翁"号渐行渐远,海岸慢慢地变成了一条线,这条线又变得越来越细,而大海却越来越宽阔了。我这才知道,原来真正的海是这么辽阔的。

我曾经在浙江海宁看过钱塘潮,那时以为,海岸都是像海宁那样,是用石头砌得整整齐齐的。后来才知道不是这样的，海岸线是高低不齐，起伏不定的。左舷全部是海，已经看不到海岸线了，右舷还可以看到海岸。我就坐在轮船的右舷，从舷窗里一直远远地望着陆地，因为这样总感觉还是在祖国的身旁，有点倚靠。我也是这时才知道浙江和福建的沿海都是山，还有许多高高低低的礁石。小时候没有见过世面，到这时候才有机会看到真正的大海和海岸。人生也是这样，见的世面多，才能开阔眼界，对世界有个正确、全面的认识。

那时出国留学很辛苦，要乘轮船走很长时间。许多前辈都是坐轮船走这条航线到法国或是欧洲其他国家的。那时到国外去的人还很少，我谁也不认识。我们的船通过台湾海峡的时候，风浪很大。走了两天工夫到了香港，这是第一站，因为有人上船下船，加上一船的人要吃要喝，船也需要添加燃料、补充供应，所以沿途需要停靠好几个港口。快到香港时，船上有广播，用很清楚的法文、英文通知乘客，停多长时间，可以上岸游览参观。于是，船到香港，我就跟着大伙上岸了。到了香港，使我很惊奇的事有两个，一个是我到银行去兑换一点零碎的美金时，看到门口站了一个岗哨，穿着制服，还带着枪，警察不像警察，兵不像兵的，我不敢进去。后来看到别人进去了，我才进去。我当时想，上海再乱，银行门口也没有带枪的站岗，可见香港不是好地方。第二个奇怪的是，我在街上走路，忽然飘来鸦片的味道，原来有几个人正在马路边的大烟馆里躺着抽大烟。这就是香港当时的情景。

第二站是西贡，我小时候念书讲到西贡时，还说是安南的首都。西贡有个地方，叫堤岸，是有名的闹市，又是华人聚居的地区。听说堤岸离港口还有一二十里地，要坐公共汽车去。我本来担心时间不够，没有上去。后来看到同船的人都去了，我才下决心跟了走。西贡是个老城市，堤岸是西贡的新城，后来了解到堤岸的华人有三十几万，占了总人口的百分之九十以上。因此到了堤岸就感觉又回到了中国一样。

第三站本来应当是到印度尼西亚，可是二战期间日本军队在马六甲海峡布了不少水雷，虽然二战已经结束，但残余的水雷还没有扫除干净。为了安全，船绕过了马六甲海峡，到了新加坡。新加坡那时还是英国的殖民地。这个城市一眼看去是一片绿色，在我看到的城市里，新加坡是最绿的。船停在海上没有靠岸，停了一两个钟头，进行补给，谁也没有上岸，也不让上岸。

第四站到了印度，没有水雷之类的危险。印度的东海岸有个地方叫Pondicherry，法文叫Pondichéry，中国的地图上译为"本地治里"，译得很怪。谁都知道，印度长期是英国的殖民地，法国轮船为什么要在这个地方停靠呢？有一个原因，就是在印度这个大块的英国殖民地中，"本地治里"却是一小块法国的殖民地。这是当时瓜分殖民地时，分赃妥协的结果。不坐船远航是看不到殖民地政策下这些奇奇怪怪现象的。在Pondichéry我上岸了，因为停的时间长，我还吃了一顿印度饭，是咖喱蛋炒饭，便宜得很，辣得要命，但是也香得很，就是卫生条件比较差，苍蝇到处飞。

我乘的船继续航行时，经过了斯里兰卡和印度中间的保克海峡，抄了一点近路，但风浪很大。斯里兰卡当时叫锡兰，是英国的殖民地。第五个停靠的地点就是吉布提。它的对面是红海，东面就是阿曼。一般英国船都停阿曼，法国船停在吉布提，是在阿拉伯海西部的口岸。这时离开中国已经很遥远了，从印度到吉布提这个距离走了一个多星期，是最长的一段距离。以前，我们经过的码头，一般卖吃的、卖纪念品的、卖土特产的都很多。到了吉布提之后，港口却没有商店，那么大的轮船停下来，没有几个人上岸，也没有几个人下船，上下的就是几个穿阿拉伯长袍的人。过了吉布提，就是一片很大的沙漠，这是我第一次见到沙漠，第一次看到包着头的阿拉伯人。我是1947年的正月初三或初四离开上海的，到了香港，大衣就穿不住了。以后就没有穿过大衣，因为越走越热。

船在吉布提停的时间也不短，以后就进入红海了。红海是长长的一条海，两边都是石头。人在船舱里是待不住的，因为那时船上没有空调，又不好意思光着膀子，大家汗水淋漓，都到甲板上来了。本来是希望有海风吹吹，可以凉快一些，可是站到甲板上，就好像是进了面包烤炉了。两岸都是红色的石头，下边的海水都是红颜色，好像整个人都在火炉中间。因为船开得不快，又没有风，那时候扇子用的纸又差，还没到码头就把扇子报销了。记不清过了多少时间，到了苏伊士运河的口岸，热得更厉害！

苏伊士运河是红海和地中海的接壤地。苏伊士运河的南口叫苏伊士，属英国的殖民地，却是以法国工程师苏伊士命名的。是他负责把六七个湖打通的，这样，真正开挖的工程量就不多了。

所有的船在经过苏伊士运河之前，先要登记，要排队。在运河的口岸，有个指挥的信号装置，好像是火车站的扬旗一样。信号表示放行，你才能进去。过往船只都要排队航行，因为河道很窄，大船在运河里面要转身很困难，两只船不能错身，所以在运河里开开停停，停停开开，走得很慢。我经过运河的时候，船还比较少，两船间隔比较远，听说现在离得很近很近了。船开得很慢，结果就是没有风，两边又都是石头，把太阳光反射过来，真的是酷热逼人啊。总之，过苏伊士运河很困难很困难。真正进出苏伊士运河的时间不过几个钟头。出苏伊士运河的时候，经过塞得港，当时是英国人在管理，但也是法国人造的，有苏伊士的铜像。船到塞得港，我们没有上岸，因为这个地方经常有战火。这时，有几个阿拉伯人坐着小船到我们的轮船旁边叫卖橙子，很便宜，两美金一大筐。我当时担心，给了他们钱，他们怎么把橙子拿上来呢？我的法文那时还不行。结果，我买了之后，他们就把橙子筐挑在木杆上，送到船上。后来到了巴黎的镭学研究所才知道，那是巴勒斯坦的橙子，是很有名的。那个时候巴勒斯坦还很大。那橙子是海法来的，在我吃过的橙子里，那是味道最好的。我那时年轻，力气大，拿得动，那筐橙子有好几十斤重。

"香波里翁"号终于驶出了苏伊士运河，本以为可以"风正一帆悬"，直达马赛港了，哪里晓得根本不是那么一回事。离开了苏伊士运河的北口，就到了地中海的西面，以后就在地中海走，没有停。大概走了七天工夫，到了西西里岛的时候，本来应当走墨西拿海峡，但不知道是希特勒还是美国人"拆烂污"（吴地方言，意思是马虎、不负责任造成了事故或不良后果），我们经过的时候，海峡里面还有二次大战时期留下的水雷，到这时都没有清理干净，不久前还发生过触雷沉船的事情。为了安全，我们只好多绕了些路，兜过了西西里海峡，又多花了些时间。最后，船终于到了目的地法国的马赛港。我一算，从上海到马赛一共是 42 天，经过了六七个港口。不过也算有收获，原来我晕船，经过这样一次锻炼，不晕船了。只是到了马赛后，我走在马路上总是觉得腿软，就像踩在棉花被子上一样。当时我还想，有晕船的，是不是还有"晕陆"的呢？后来才想清楚，原来是在船上的时间长了，已经不习惯在陆地上行走了。

初到巴黎

我到法国后，在马赛过了一个晚上，再买火车票到了巴黎。车站旁边有人招呼介绍旅馆，和北京西客站拉客介绍旅馆的差不多。我拿出居里实验室的地址给他看，他就带着我走。我也就稀里糊涂地跟他走，幸亏那时的人比较好，比较可靠，不骗人。我的运气还好，他给我介绍的旅馆离居里实验室比较近，在米歇尔大街。这时，我有一个"重大发现"，我听见地下有响声，轰轰隆隆的，来源是一个空的楼梯下面，不知道是什么。看看别人，别人都若无其事，看来不像有什么意外的事发生。后来，钱三强来接我了，我第一句话就问："这个响声是从哪里来的？"他笑了，说那是地下铁道。钱三强认为我住的这个地方比较贵，他答应给我找一个离镭学研究所近一点又便宜一点的住处，地点就在拉丁区。他向旅馆打了招呼，说是因为我一个夜晚也没有住，收费就便宜一点吧，人家就打了折扣。

我们叫了个出租车，到了巴黎第五区的中等旅馆，叫"邦雄巴黎扬"，等于老北京东皇城根的"京兆公寓"一样，比京兆公寓小。它的住宿费里是含早餐的，旅馆里弥漫着一股怪怪的香味，我还真不习惯。在这个旅馆大概住了两个月，我还自己给自己拍了照，留作纪念。巴黎的旅馆也是五花八门，什么档次的都有，我住的这个旅馆也只能算中下等，但对我来讲就是最贵的了，以后我门槛精了，越住越便宜，但也越住越好。

那时二战结束不久，战争的遗迹还有。我所看见的，就是在一个叫罗朗的广场的一个小街上，有一个小店铺被炸弹直接炸中了。房子烧掉了，留下了一些没有人管的孔雀。不过，总的来说，在法国，特别是在巴黎，很少看见战争的遗迹。而我们中国，1947年的时候，还是乱哄哄的，很糟糕。法国没有这种现象。

这里每个星期就有一个自由市场，我们那时钱也不多，就到这个市场上买一些旧东西，很好玩的。

1947年的巴黎，生活还比较困难。举一个例子，我在船上买了一筐橙子,吃得直拉肚子,剩下不少。钱三强来接我时,我就问三强,我有一些橙子,吃不了,你要不要尝尝看?我打开箱子,他一看,真是大大的惊讶啊!他已经多少年没有见过这么大、这么好、这么多的橙子了。我只留了两三个,剩下的都给他了。我给了他一个包袱皮,他又要了一些报纸,把它们包了包,不然,让人看到这么多橙子,都要眼馋了。后来三强说,他走到街上,又脱下外衣,用衣服把橙子再包得更严一些,不然香味还会散出来,惹得路上的行人东闻西嗅的,影响不好。后来他把橙子分了一些给邻居,很受邻居欢迎。以后我到他家里,何泽慧还讲我给他们的橙子怎么怎么好,说是没有吃过这么好的橙子。五年的二次世界大战,巴黎也真是够受的。

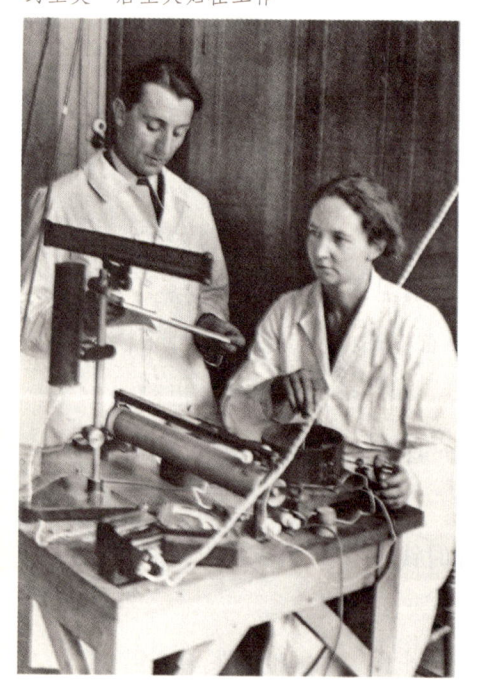

约里奥-居里夫妇在工作

那时,全居里实验室,只有居里夫人有一辆汽车,好像是国家配给她的,其他人都没有汽车。我去的时候生活还是很困难的。牛奶省下来给小孩子和老人吃,像我们这个年龄的人就不卖给你。面包是有限制的,一个人一天好像是250克吧,反正是吃不饱。牛排、肉、白糖也都有限制。比英国好一点,鸡蛋可以随便买。面包中的"克拉桑",就是羊角面包,没有限制,价格稍贵一些。

到了居里实验室,钱三强就领我去见了伊莲娜·居里。因为要和她的母亲玛丽·居里区分开来,人们也称她为"小居里夫人"。第一次见到小居里夫人,我简直惊呆了,她那颀长的身材,清癯的面容,深邃的目光,加上一身深褐色裙服,就和照片上的老居里夫人一样。

我告诉她我姓杨,她说:"噢,你就是郑大章先生的学生。"

我说:"是的。"

她说:"我们对郑先生,对中国人一向感觉很好。"

当时三强已不在居里实验室,而是在法兰西学院,跟约里奥-居里先生工作。她说我是居里实验室的第三个中国人。后来钱三强告诉我,严先生推荐我到居里实验室工作的时候,小居里夫人曾经问过三强:"你知道这个人吗?"三强说:"知道。"并且介绍说我是郑大章先生的学生,在日本军队占领上海的时候,我是负责守护中国镭学研究所的卫士。他用了法文中"卫士"一词,是很郑重的。也对,我一直护卫着实验室嘛。因此,小居里夫人对我的第一印象就很好,对我很尊重。因为她和约里奥-居里先生在德军侵占法国时就都是抵抗运动组织的成员。她还把我们中国人在居里实验室的历史都联系起来了。从郑先生开始,后来我才知道还有个施士元①,也在居里实验室工作过,因为他不是学化学的,所以约里奥-居里夫人不大清楚。下边就是钱三强,再下面就是我了,所以我是托前人之福啊!我也要下决心把中国人的好传统接续下去,这对我以后在居里实验室的工作有很大帮助。

我的工资是由居里夫人出面,向法国国家科学研究中心专门发奖学金的部门申请的,一开始给我的工资就是一个月18 000法郎。这个数目不小了,听说比巴黎大学的助教稍低一些,助教是20 000法郎,是公务员工资

---

① 施士元(1908—2007),上海人。物理学家。1925年夏考入清华大学物理系。1929年留学法国,进入巴黎大学镭学研究所,在玛丽·居里夫人指导下从事核谱学研究工作,1933年获巴黎大学博士学位。回国受聘为中央大学物理系教授。曾发现α射线精细结构与γ射线能量严格相等;液态钠中有晶态原子团存在等现象。

下限的两倍。公务员的标准工资每个月不到10 000法郎，只要进入公务员系统就是10 000法郎。法兰西大总统的工资是普通公务员的7倍；诺贝尔奖金获得者可以达到7.5倍；法兰西元帅也是7倍，和总统一样多；法国的正教授大概是6倍吧。

我的法语

刚开始工作的时候，人生地不熟。我只认识钱三强，我们虽然都在一个大区，就是第五区（拉丁区）里面，但他在法兰西学院，离开我们居里实验室还要走一二十分钟，要上一个坡，再下一个坡。

我进居里实验室，首先遇到的困难是语言问题。无论到哪一个国家去学什么，总要过语言关。我在中国上大学时，第一外国语是英文，我的英文也是"蹩脚来兮"（吴地方言，"很差，低劣"之意）。当初我也想系统地好好学学，只是由于军阀混战，生活动荡，工作不稳定，没有得到适当的机会。到了上海以后，尤其是裂变现象发现之后，我就想找个专门机构来学放射化学，到哪里找这个专门机构呢？到法国。因此，要学好放射化学就必须要学好法文。这个道理我倒是摸准了。那时没有放射化学方面的书，只有文章，而且多半是法文的。我曾去请教大同大学的一位姓胡的外语教授。他介绍我一本讲法文文法的课本，叫我自学。这书是美国耶鲁大学给美国学生学法文的教材。这书中的练习题，我也都做了。我都是靠晚上的时间学，开始时一课还要念好几天，后来一个晚上可以学一课。我感觉这本书非常好，自学几个月之后，就能看一些法文的文章了。我就带着这点本领，过了几个考试关，到法国领事馆领到了签证。在去法国的轮船上，同船有一位是国民政府驻瑞士公使吴南如的夫人，带着儿子。这个孩子调皮，得罪了一位法国乘客，这法国人就吓唬孩子，抱着那个孩子说要把他丢到海里去，孩子吓得直哭。公使夫人就找我当翻译，与那位法国人对话。在我的抗议下，他把孩子放下来了。吴南如夫人很感谢我。

但是到了法国后，发现我的法文水平还听不懂小居里夫人讲课。我只有下苦工夫学习，过语言关。

到巴黎后开始的几个月，我就下决心，除了在实验室里工作，哪儿也不去。工作之余，就是和人家瞎聊，其实也是在这个过程中跟人家学法语。与我在同一个实验室里工作的帕杰斯小姐对我学法语帮助最大。

我一共上了三年约里奥-居里夫人的课。因为语言不过关，第一年学到的很少，第二年学到了大量的知识，第三年我还有贡献了，能在课堂上帮助做演示实验了，当然也可以当众用法语与大家交流了。

后来我以为我的法语讲得很好了。临回国之前，我对帕杰斯小姐说："我的法语不错了，要谢谢你。"

她说："你不要谢我，你这个大徒弟，我没有教好。"

我说："我怎么还不好啊？"

她说："你讲法语的时候，如果我在另一个房间里听，就会以为是一个英国人在讲法语。"

我的工作环境

居里实验室，地址在巴黎第五区居里街 11 号，建筑是由两栋楼房连起来的。一栋老楼是老居里夫人在的时候造的，以后又在这个楼的旁边建了一个新楼。老居里夫人的这个老楼有四层，地下一层，地上三层。我的实验室在新楼，新楼也是地下一层，地上三层，不过每层都高一些。两个楼之间在二层楼有个天桥连接，可以过来过去。一进楼门有个大门，在居里实验室的整个楼的拐角处。

那时居里实验室有一户人家住在里面，还有小孩子，叽里呱啦，叽里呱啦的。后来我才知道，实验室楼里总要有人住的，至少要管管水电吧，要有24小时值班服务的人，这个人就是乔治。他是老居里夫人的汽车司机，退休后就在居里实验室管这个事。因为要他24小时都工作在实验室，他就把家安在了实验室楼里。他的工资大概也不高。还有一个传达室的工作人员梅农太太，她既是门卫，管开门关门，又管收发信件。梅农太太按时上下班，下了班以后如果我们有事要进楼，就要叫住在楼内的乔治。楼门是电控制的，和现在我们见到的电动门一样。

在居里实验室有许多好的传统，突出的一点就是它的"国际性"，这是在老居里夫人时代传下来的。据说，最多的时候有二三十个国家的科学家在那里工作。在第二次世界大战之后，美国的科学比较发达了，到居

1947年杨承宗在巴黎居里实验室大门前

里实验室来学习的人就比较少了。法国人讲民主、尊重人、好客、开放，愿意和外国人接触。我在居里实验室的时候，大概有一二十个国家的科学家在那里工作，只有我一个中国人（三强在另一个实验室）。在几年的工作中，他们给我不少帮助，比我给他们的多。

居里实验室是这个研究机构的专有名称。楼内又有大小不同的实验室。1947年，我刚到这里的时候，是在公共实验室里工作。这个实验室是在阳台上架了一个棚子。各国新来的人，都先安排在这个公共实验室里工作。

两年后，约里奥－居里夫人才给我一个大实验室。这是一个双开间的套间，挨着新楼的后门，房高窗大，装修得挺好。让我看房间时，我一进去印象就很好。当时里边有好多玻璃器皿，一箩筐的玻璃真空阀门，很好很粗，大的口径有一个厘米多。这些玻璃器皿后来都拿出去了，房间还粉刷了一下，因为多少还是有些放射性的。我的朋友布歇士向我介绍说，这是居里实验室前任老主任退休前用的。这位前任叫昂德埃·德比安（A. L. Debierne），曾是老居里夫人的助教，后来是居里实验室的主任。我刚到巴黎的时候，他已经退休了，但仍保留实验室，时不时还到实验室来。他去世后，这个实验室就给我了。我感到美极了！

约里奥－居里夫人给我一个钥匙，是通新楼的后门钥匙，这个门离我的实验室只有几步之遥。这个实验室的柜子里还有东西。他们说，柜子里的东西是德比安留下来的，你要用可以用。我就把里面的一架天平装起来了，这让居里实验室的人大吃一惊，没有想到德比安这里还有这么好的天平。后来，莫尼克·帕杰斯小姐来到这个实验室。我们相处得很好，对我学习法语帮助很大。我也叫她芙蓉小姐，因为在法文里，"帕杰斯"就是"芙蓉"的意思。莫尼克·芙蓉小姐喜欢操作，有一架居里静电计。原来房间里没有办公桌，墙上都是钉子，装一对三脚架，铺一个实验板，就当办公桌用了。莫尼克·芙蓉小姐来了之后，她不知道从哪里找来一个单人用的课桌，当她的办公桌子。我直到离开时也没有办公桌。但我对这个实验室非常满意。后来我的重要的工作都是在这个实验室里做的，一直做到我回国前，才把它交代给帕杰斯。后来帕杰斯当了整个镭学研究所所务委员会的委员，做了领导工作。

有了这个实验室，居里夫人也经常来了。在这之前，我们在公共实验室，她难得来。那时法国原子能委员会刚刚建立起来，她很忙；以后又忙于筹建巴黎南大学。自打我有了自己的实验室以后，她就经常来了。别的教授，比如海辛斯基（Moise Haissinsky），也经常来；拉包克来得比较少，他是搞物理的；布歇士也经常来。我喜欢这个实验室里边高朋满座。

居里实验室的传统非常好，工作效率非常高。法国的文化传统好，尊重人。哎呀，真是尊重呀！法国的硬币正面是自由神头像，反面是钱币的数字，上面一行小字"自由、平等、博爱"。因为每个人都有自由，所以必须是尊重别人。我出生在封建社会，成长在半封建半殖民地社会里，后来又曾生活在日本人和汉奸统治的环境中，所以受压迫的时间长了，不知道什么是自由。到了居里实验室才感受到了自由。连师生之间也很自由，你有意见，人家也好好听。他不来管你，也是尊重你的自由。我开始的时候不知道，觉得怎么没有规矩呀？后来我才知道这是自由。在法国学习的后半期，我住在法国的大学城，离我的实验室有两站路，最后一站叫卢森堡公园，有一个上坡道，那里有一个先贤祠，葬着对法国有杰出贡献的人。这也是欧洲的传统吧，从希腊就有的。我因为每天都经过，很早就进去过。一进大门就是"自由、平等、博爱"，它的照壁上也有一行醒目的大字"不自由，毋宁死"。不但是法国人尊重法国人，法国人也尊重中国人，我当然也尊重人家。

居里实验室的自由思想也非常强烈。开课之前就贴出海报来了，这种海报跟法兰西歌剧院的海报一样大，贴在卢森堡公园地铁广告柱上面，广告柱直径约有一米。海报上写明几点钟到几点钟，在什么地点，约里奥-居里夫人讲天然放射性元素。到时候课堂门开了，谁都可以进去。要想好好学，就必须要坐在前排。有的教授讲课时，也会遇到捣乱的学生去听课，到了关键时刻，他就给你哇啦哇啦地捣乱，他也有"自由"。自由也是有代价的。

居里实验室的成员都是政治活动分子，我也参加过一些他们的政治活动。这里有75个共产党员，我原以为居里实验室的工作人员都是共产党员，其实也不是。在我们巴黎第五区居里街，有好几个研究所在一块儿，论共产党员的数量，我们还是第二名。第一名是我们对面的生物物理化学研究所，这个研究所的共产党员有85名，比我们居里实验室还厉害。

这里也捎带说一下，当时巴黎有两个镭学研究所，除居里实验室外，还有一个是镭学医院，全世界闻名的。他们研究用放射线治疗肿瘤。我在居里实验室期间，参加过两三次告别仪式，他们是居里实验室的人，都是在镭学医院去世的，都没有治好。可见，当时对肿瘤没有什么好办法。

通过博士论文答辩

我是唯一在居里实验室跟随伊莲娜·居里进修放射化学的中国人。1947年初到法国后，前一半时间我跟约里奥-居里夫人进修自然放射性元素化学，后半期学了不少人工放射性的核化学。开始的时候，经常找不到居里夫人，那时我不知道她工作的规律，另一方面她确实也忙。

1945年，美国在日本投下了原子弹，导致了日本投降，一个新的历史时期开始了。英国、美国、加拿大三国有个联盟，保守原子弹的秘密，把法国排除在外。法国人气坏了，戴高乐气坏了。他就自己组织一个原子能委员会，简称是CEA，就是原子研究中心，是1946年秋末成立的，由两个人主持，行政方面有一个人，业务上则是约里奥－居里先生。约里奥－居里夫妇就是因为发现了人工放射性而于1935年共同获得了诺贝尔化学奖。1938年到1939年，人们发现铀的裂变现象时，约里奥－居里其实也做了许多工作。他离发现铀裂变只有半步之遥。他们夫妇二人对放射性太熟了。他在一篇文章中还说明了铀经过中子照射后产生一个新的物质，这个新物质的化学性质非常像"镧"。奥托·哈恩（Otto Hahn）肯定了这个同位素是由于铀的原子被轰击而分裂成许多裂片，其中有镧的同位素，因此人们认为铀的裂变现象是奥托·哈恩发现的。法国人都知道约里奥－居里与核裂变的发现只有半步之遥。所以，在二战以后，法国要成立原子能委员会，顺理成章地，就要请约里奥－居里先生主持。原子能委员会里面业务上的委员有九个人，除约里奥－居里夫妇外，还有奥耶，是法国著名的化学家，就是化学领域中奥耶效应的发现者。还有一个扬·贝朗先生，我们化学上有个"贝朗定律"，就是以他的名字命名的。下边还有一个克瓦尔斯基，原来是波兰人，后来入了法国籍。再年轻一点的有化学家哥尔德史维斯和比伽，还有得尼维尔·戴尔。最后一个是A. 朗之万，他是保尔·朗之万的儿子。保尔·朗之万是法国有名的物理学家，德国人把他抓起来坐牢。二战胜利以后，法国人都争相请他吃饭，他吃坏了，去世了。

原子能委员会组成后，就开始招兵买马。居里实验室里新加入的人多得很，我也属于一个兵。碰巧我学的是放射化学，是郑先生的徒弟。有郑先生的关系，再加上严济慈先生的推荐，还有钱三强先生总是说好话，人家接纳了我。在我后面还有许多新来的人。刚成立原子能委员会，约里奥－居里夫人忙得很，约里奥－居里先生更是看不到。只有一次，是我刚去了不久，他们搞家庭聚会，我和钱三强一起去的，只有我们两个中国人。当然讲的都是法文，三强还认识几个人，我一个都不认识。那时我没有照相机，没有留下照片。

差不多过了两个星期，有一个年轻老师来了，年龄并不比我大多少，他自己说他是助教。他告诉我，居里夫人让他来照顾照顾我，后来我发现他也不是念放射化学的，他是念理论化学的。其实，他也不来管我，他的爱人是念放射化学的，西班牙人，学术上倒可以帮助我一点。后来居里夫人要他转达，要我熟悉实验室的工作。她要我做一个小型的可以手提的高压电源，可以用在光电池上边，也可以用来探测放射线，要求能达到直流1 000伏。我开始也摸不着头脑，后来想一想，豁然开朗。我看就像一个简单一些的电池。我以前也碰见过这种问题，那是1935年的时候，我做盖革计数器上面的高压电源，那时用的是一个上海产的小型铅蓄电池，和普通的铅板蓄电池是一样的，装在一个试管里面，只有两片。后来我想想，我在大同大学做毕业论文时就是讨论铅板蓄电池的。为了做铅板蓄电池，也看过其他电池的文章。那个时候只会做铅板蓄电池。既然是这样，把电池做得小一些、薄一些就是了。我就把以前学到的知识用上了。想通了，我就和工厂的师傅们讲，我要做什么样的东西。镭学研究所有自己的小工厂，我和师傅们讲我要做像刀那样一片一片的，我还拿一把刀作示范，这把刀后来我还带回来了，现在不知放到哪里去了。那是一把圆的刀，一个冲头，一冲一个圆片就出来了。最后的结果呢，是拿一张纸，纸的一面贴上锡，就用锡纸作为阴极，阳极是用二氧化锰再加一些炭粉，就是这样一张纸，有两个电极，就是一个初级电池了。10张纸叠起来就是10个电池了，15伏，100张纸就是150伏，1 000张纸就是1 500伏。1 000张纸叠起来也就是10到15厘米吧。把它装在一个绝缘的圆管子里，两边一个是阴极，一个是阳极。这样很快，不到三个月就做出来了。把实物样品交给那位助教，居里夫人看了笑笑，表示满意了。

小居里夫人不给我题目，以后我怎么办呢？我就想，我到居里实验室以前，只看了一些放射化学方面的文章，还没有系统地学。小居里夫人每年春天在居里实验室的小阶梯教室上课。她在巴黎大学里面还有一门课，叫"放射性和电子学"。"放射性"部分是小居里夫人主讲的，"电子学"是另一位教授主讲的，是两位教授拼起来的一门课。我是专听放射化学的，大概讲了两三个月吧。刚开课时我不知道，等知道了，课已经讲了一半了，只好咬咬牙听吧。一半听，一半猜。

我在居里实验室工作了四年多，前面多半时间是学习、做实验。1949年10月1号新中国成立，这个消息传到巴黎，10月7号还是9号，中国留学生会也组织大家开了一个庆祝大会，由在巴黎的老华侨资助。开会的时候，我们听到了两万五千里长征的故事，就是斯诺的文章，我是第一次听见，很感动。后来是1949年的年底还是1950年的年初，我们的同学中就传来了周恩来总理的号召，号召我们在外国的留学生回国参加建设。那时我们就关心国家大事了。

我也陆陆续续地接到消息，得知成立了中国科学院，院长是郭沫若，还成立了近代物理研究所，好像是这样，不十分准确。因为有钱三强参加了，我们就想到了近代物理所是想搞一些原子核的研究。到了1950年的五六月份，我就写封信给钱三强，说我响应周总理的号召，想回国。不久以后，接到了钱三强的回信，那时好像没有航空信（就是有也很慢），信都是走海运。钱三强告诉我，你回来我欢迎，但是暂时不要回来，让我准备准备，当时我也不知道是什么道理，后来才知道是因为当时国内的条件太差。

我本来没有打算在法国做论文，三强同志让我等一等，我就想利用等的时间做一篇论文吧。于是我继续做我的研究工作，做得还不错。我开始的时候并没有想申请博士学位，因为我不知道我的工作够不够。为了解情况，我没有去问居里夫人，而是去问布歇士，为什么呢？布歇士是一位助教，是由巴黎大学规定派给居里夫人的助教。居里夫人上课的时候，布歇士在旁边当"准备长"，就是准备实验的实验员，也就是做演示实验的助教。有的时候一个人还准备不过来。开始是因为实验室做实验需要测量放射性，有一个放射源，用静电计进行测量。上课时，我总坐在第一排边上的第一个，出入方便。我看布歇士一个人张罗不过来，就站出来帮帮他。他本来不认识我，看到我很热心的样子，时间一长就不客气了。后来做实验他就主动找我，在课堂上点我的名，叫我帮助他。以后就形成他当实验员，我当实验员助理了。这样我们就成了朋友，有好多次合作。

1950年的年中，他问我："你的论文准备好了没有？"我说："我怕我的文章不够做博士论文。"

他说："你把文章集中一点，突出一点，可以的。"我不知道这是他的意见，还是约里奥－居里夫人的意见。我就到巴黎大学找一个管论文的秘书，我说："我要申请博士论文行不行？"

他说："行啊。"他有一个名单，好像还说了一句"完全可以"或是"早就行了"。听他这样说，我就胆大了。我刚要出来，他又告诉我要交注册费。我就到巴黎大学论文注册处去注册了，巴黎大学的注册费只有603或是703法郎吧，记不太清楚了，其中3法郎是印花税。

原来如此。大概实验室已经有个名单交给了巴黎大学校本部，所以那位管论文的秘书以为我只是去交费的，不晓得我原是不敢申请博士学位的。

在巴黎大学理学院注册以后，我就成了博士生，要求和限制也就多起来了，因为要系统地写文章。幸亏当时我积累的原始资料比较多，实验进展比较快。我利用了新的分离分析方法，就是离子交换方法。

我还有一个非常好的合作伙伴，就是海辛斯基。他是出生在波兰的犹太裔科学家，在第二次世界大战时险些让纳粹杀死。他先设法逃到法国，在法国南部找了个工作，后来又进入居里实验室工作。我到居里实验室之后，他已经是高级研究人员了。他邀请我同他合作，我当然也很高兴了。我们的合作非常默契，主要是利用离子交换法分离化学元素周期表中后面几族（第ⅢB、ⅣB、ⅤB、ⅥB族）元素，分离难度很大。我们还一起发表文章，开始是海辛斯基先生作为文章的第一作者，后来我就成为文章的第一作者，或者完全是由我独立完成的。

我以前做过第ⅠA族元素的研究，做了以后，没有发表文章。第ⅡA族元素呢，我想到了镭和钡的分离。谁知道这个实验被一个希腊人，法兰西学院的助教乔治·卡耶斯（George Kayas）知道了，他要我不要碰这个实验，原来是他在做。以后我就注意了。我想我做了第ⅠA族元素，而第ⅡA族元素被别人做了，那么第ⅢB族元素我要好好地做。我做的是镧（La）和锕（Ac）的分离。锕是居里实验室发现的，发现者就是A. 德比安和贝雷斯女士（Mrs. Peres）。贝雷斯那个时候还在世，我就向她学习怎么取得这两种放射性元素，怎么测量，怎么分析。镧呢，我就自己到法兰西学院去用他们的回旋加速器照射。法兰西学院也在拉丁区，离居里实验室不远，下一个坡，走20分钟就到了，是我三天两头去的地方，而且无论白天晚上，进门的时候和门房都不用打招呼。同位素必须在晚上取出来，因为等到白天要衰变的，所以必须连夜在实验室里做实验。镧是称得出来的东西，锕是只有放射性痕量，称不出来的。两个元素用离子交换法分离，用放射性测量。

那时，现任居里实验室的主任莫尼克·芙蓉小姐还没有来呢，或者是刚刚来，还不得力。那个时候只能我一个人做，确实很辛苦，既要照射镧，又要提取；提取了之后做实验，把它和锕混合起来。做过实验分离了之后，还要测量。有的半衰期是比较短的，只有几个小时，所以要连续进行实验。这个实验做得很辛苦，有时候晚上还要做，半夜里地铁也没有了，于是我就只好在地铁停运之前赶到实验室，比较累。

我单枪匹马地做了一个月，辛苦是辛苦，但最后实验做得比较漂亮，一举成功。经过努力得到了满意的结果，我心里当然挺高兴。利用这些成果，我写成了《用离子交换法从大量镧中分离出锕227》，1950年发表在法国《物理化学学报》第47卷上。

后来的重复实验就很容易了。有了肯定的结论，我就写了一篇文章——《离子交换法从钽中分离镁》。我向约里奥-居里夫人汇报了这篇文章的内容。那时写了文章也不知道怎么办，我就把文章交给了布歇士。他和居里夫人商量之后，就把文章交给了约里奥-居里先生，因为他是法国科学院院士。法国科学院是每星期二下午开一次会，各院士把自己手下做的工作作一个报告。等于是他替我作报告的。他是在星期二下午，也就是11月7号开的会，1950年的11月13日，《法兰西科学院院报》第231卷上就登载了这篇报告。法国很重视科研的竞争，一篇文章交给院士，院士同意了，就签名、就发表。《法兰西科学院院报》对文章的篇幅也有规定，一般不能超过两个 Page，最多允许再加 10 行，一个 Page 大概几十行吧，两个 Page 加 10 行，可以稍微伸缩一下。刚刚登出来的时候，我还不知道。后来布歇士问我看没看这个星期的院报，这时我才知道文章已经发表了。这篇文章，我自以为是写得很漂亮的。

这篇文章发表时，我已经在做第ⅣB、ⅤB族元素了。这是什么缘故呢？原来，我的文章发表后，布歇士对我说："像这种文章你可以集中一点，就是系列化嘛，系列化以后不是一个很好的论文题目吗？"

我想想，这倒是一个很好的建议。我只是个别地做了镧、铜，假使合起来，第ⅢB族、ⅣB族、ⅤB族、第ⅥB族……系列化地做下去，不是很好的题目吗？

1950 年我正式做博士生这一年，比较紧张，把我这四五年的工作总结一下，写成论文《用离子交换法取得分离放射性同位素》。1950 年末或是 1951 年初，我开始写论文，反正当时天气比较冷了。写论文比较辛苦，因为当初没有这个准备，现在要写论文，有些东西要重复验证一下。我的法文还是有困难的，这时候帕杰斯给我帮忙了。因为她有她的工作，时间很紧张，须占用晚上时间。好在那时候大家都年轻，经得起。有一次，我们两个一直忙到天亮，离开实验室的时候，公园地铁站门口的咖啡店已经开了。我们两个就进去喝一杯咖啡，吃两个小的牛角面包，挺好吃。我们进行过一次时间很长的讨论，就是讨论我的这个长篇论文。她提出问题，我来答复，我答不出来的时候，或是自己觉得理由不够充分的时候，就重新考虑一下，或是作一些必要的补充。她等于对我预先审查一遍，这样以后就容易通过。真正到了 1951 年的第一季度，论文已经写好了。我打字打不好，只好请人家打印，打在一个晒图纸上面，然后再印。实验室规定要交公家20本，10本留在居里实验室，10本交给学校。如果要铅印就需要一笔钱。那时，国内交给我一笔钱，是买仪器用的，我不能用。我自己的工资又不够。我就跟居里实验室的一个秘书夏尔巴·黛丝小姐讲，我说我现在写了一个科研报告，我是写给法国科学院的，申请法国的国家学位，应当是科学院替我付钱。黛丝小姐是帕杰斯的朋友，她说她也觉得有道理。我说："我也不知道这应该是公家出，还是应该我自己出，反正人家都是铅印的。"

过了几天，她请示了居里夫人后，对我说："实验室有经费，能资助你，可是经费有限，不能铅印，只能打印。"我也不知道铅印和打印有什么区别，打印就打印吧。我就找人来打了，打好了再印，还要装订好。这段时间是1951年的第二季度。

1951年6月15号上午，在居里实验室的阶梯教室里，安排了我的论文答辩。评委有三个教授，都是法国化学方面和放射化学方面的知名专家，以居里夫人为首。因为是用法文答辩，比中文还困难一些，因此要做一些准备。为了不写在黑板上，我买了些纸，用中国的毛笔和墨，把论文摘要写成"大字报"。他们把中国的毛笔叫做"刷子"，说我的论文是"刷"出来的。我把论文做成中国的书一样，一页一页的，外国人的书是从右到左翻页，我的是从左到右翻开来的，因此一开始，就引起了哄堂大笑。当然我没有想到会有这样的效果，我还是很认真地从科学的角度讲，一共讲了两个多小时。等我讲完了，进行了答辩，问题提得并不多。他们三个人就商量了，没有什么仪式，就在教员预备室里面，做了一个短短的讨论以后，就由约里奥-居里夫人出来，宣布论文通过了，并和我握手。然后大家鼓掌，祝贺我通过了博士论文答辩。

论文通过了以后，我到宿舍里好好地睡了一觉，一直睡到了下午。后来我们在居里实验室的庭院里举行了一个小型酒会,就是喝点香槟酒,大家谈谈话,没有跳舞什么的。约里奥-居里夫人和许多同事都参加了,一共有几十个人。除了法国人,外国人也很多。还有在居里街11号大院子里的化学研究所、物理化学研究所、生物物理化学研究所的人参加。约里奥-居里夫人发表了热情祝词:"为了中国的放射化学!"

然后大家按照居里实验室的习惯,用平底烧杯做酒杯互相碰杯。好多人都来到我面前表示祝贺。有的人参加了那个聚会之后,意犹未尽,还要个别来表表自己的心意。居里实验室的人对我是很友好的。

想想在巴黎的这六个年头,还是蛮长的。我刚开始时主要是做些被动性的、验证性的实验,而中后期多是主动做的、有自己想法的探测性试验,收获很大,自以为是比较满意的。

1951年6月通过巴黎大学博士论文答辩后,导师伊莲娜·居里(中)举行祝贺酒会

在法国大理院"打官司"

我到法国是学习放射化学的,可是我还在法国打了一场官司,确切地说是出庭作证,有意思得很,值得说说。那是 1949 年 11 月或是 12 月的事。

我从 1949 年开始,常到巴黎中国留学生会去。它的会址就在卢森堡公园的旁边,离我的实验室很近。穿过卢森堡公园的门,有一条小路,叫"王子街"。街中段有一个小楼,中国留学生会就在楼上。那个楼不知哪年盖的。1949 年开始,我就经常去。最初是谁领我去的,我记不清了。

一上楼,有两三个房间吧,里边还有一架钢琴。我那时在实验室已经站稳脚跟了,有自己的实验室,还有帕杰斯帮助我,可以自由一点。我就有意识地多参加学生会的活动。

有一次,学生会要选举,要分工。我也不知道为什么以前没有分工,现在要分工了。我是一个人去的。记得我进去不久,他们就开会了。分工首先要有个头头。头头是选举的,我那时只认识一个吴新谋①,还有一个梁志宏,其他的人见过面,不熟悉。我这个人记人是比较差的。在会上,

---

① 吴新谋(1910—1989),江苏省江阴人。数学家。1937 年 8 月公费赴法。先进入巴黎大学师从 H. 维拉(Villat)教授研究黏性流体力学,1939 年起转随名师 J. 阿达马(Hadamard)从事偏微分方程研究。1939 年参与编辑中国共产党旅法支部主办的进步刊物。二战期间,吴新谋不顾物质生活艰苦,仍设法支援中国共产党旅法支部的革命活动。1945 年加入中国共产党,曾任中共旅法支部委员和旅法侨联秘书长等职,先后在邓发、刘宁一领导下开展党的工作。1951 年携全家回国,在中国科学院数学研究所任研究员。

你推举我，我推举他，我根本就没有推举人。这时，不知道谁说推举我。我说，我不太愿意做陌生的工作。在没有定论的时候，我可以来做文书的工作。法国的中国留学生里边有人连中国话都讲不清楚，我的中国话还是地道的中国话，写出来的东西还马马虎虎。我认为文书就是秘书了，哪晓得在他们那里，秘书可是了不起的，实际是领导成员。我其实没有这个资格，可我当时也没有多想（有资料记载，杨承宗先生实际上担任的是中国留法学生会副总干事长——整理者注）。最后，会长发言，他叫董宁川①，我还是第一次见到他，因为他当时在巴黎政治学院念书。学生会的领导就那么三四个人，其他还有财务。在这个学生会里，我虽然是领导成员，其实做的事情并不多，因为我还有实验室工作。后来，有点事情做了，人家就经常找我，以吴新谋为首。他搞数学，在居里街11号的庞加莱研究所。法国人都是用人名命名单位的，庞加莱是法国著名数学家。我的上司就是吴新谋、梁志宏，还有新的上司就是董宁川。我和董宁川还不大熟悉，尽管他是我们学生会的会长。

成立了巴黎中国留学生会之后，大概是1949年10月6号或是7号，他们要我参加一个大会，我就参加了。会场在一个戏院里面，我就坐在底下。人家发给我一个小小的五星红旗的徽章，三四厘米大小。大家都别在胸口，我也别在胸口。出席的中国人真不少，但很多人说的话我都听不懂，因为他们很多人说的都是方言，尤其有温州方言，我听不懂。不过我知道他讲的是温州话，为什么呢？因为我们在巴黎的时候，经常到一个中

---

① 董宁川（1919— ），白族。1945年毕业于华中大学英文系，1946年至1951年在巴黎学习政治学和外交史，曾任中国留法学生会主席。1950年在巴黎大学文史学院获博士学位。1951年任世界和平委员会和亚非团结委员会助理书记。1953年任布拉格世界和平理事会和开罗亚非团结理事会助理书记。长期为新中国第一代领导人担任法语翻译。1972年至1980年任外交部翻译室法文组组长，1980年至1984年任驻法国使馆政务参赞。1985年任外交部外语专家。1990年离休。

国饭馆去。这个中国饭馆专门做馄饨,大概是20法郎一大碗,能吃得饱饱的,也很好吃,大概是肉好。可能他们其他的也做不出来,只会做馄饨。开饭馆的都是温州人,他们不大会讲官话国语,更不会讲法国话,只能局限在温州人的圈子里。那个会上没有什么收获,只拿到一个五星红旗的小徽章。

我那时不知道1949年10月1号是中华人民共和国成立的日子。法国人也不大管中国的事情,所以报纸上登的消息也比较少,我只知道中国人民解放军和国民党军队在打仗。我们在巴黎开会时,不像我们国内开会时在主席台上有那样大的横幅。那个会场上只有一块不大的牌子,既要写中文,又要写法文,因此,字比较小,也比较潦草。看到这块牌子,我才知道是庆祝中华人民共和国成立。会上有几个人发言,因为有人捣乱,会场

1949年10月作为留法学生会副总干事的杨承宗(正向坐者左1)参加巴黎侨界庆祝新中国成立大会

秩序不太好，我也听不大清楚。我第一次接触这么多中国人，其实中间有很多人是华裔法国人了。

我住在大学城里。会后有一天，国民党政府驻荷兰的公使，姓陈，叫陈雄飞，和两三个人到大学城里来见我。这些人我从来不认识，也不知道。因为都是中国人嘛，我也比较客气。那时正是吃午饭的时候。我说，我请你们吃饭吧。吃饭要用特殊的饭票，其他人还没有这个学生饭票。我就在大学生的食堂里面请他们吃饭，60法郎一顿，便宜得很，我还请得起。我也记不起请他们吃了些什么。陈雄飞有官气，我们说话很不投机，吃完饭就分手了。没有想到，这个陈雄飞竟和以后发生的一件大事有着密切的关系。

1949年10月的一天，具体时间我还忘了，反正是在我们开过庆祝中华人民共和国成立大会之后，天气还是很热，我记得我穿得不多，吴新谋说是大使馆有个会要我参加。一听说是大使馆的会，我就懒得去了。因为离我们住处很远，那时我主要想在实验室里好好做实验。梁志宏也叫我去。梁志宏这个人很讨人喜欢，我记得第一次参加全巴黎大学留学生会的一个春游，到西班牙去。一路去的男男女女，都是梁志宏组织的，我现在还保留着许多照片。所以我和梁志宏比较熟，好像是他要我参加这个会的。大使馆在凯旋门街附近的乔治五世大街，这个街很阔气。国民党的驻法大使馆就在这条街上。会议是在大使馆的会客厅里举行的，都是大沙发。在法国，以前我去过大使馆一两次，没有这么开过会。我还是第一次参加有这样多人的会议。我不喜欢坐头排，就坐在一进门左手的第一个沙发上。我去得早，到时还没有什么人。以后人慢慢多起来了，关肇直那时好像还没有来，田方增、吴新谋、梁志宏、董宁川来没来，我也记不清楚了。开会时，我听到孟鞠如①，我以前好像见过一次面，我的小本子上还有他的签名，是在这次会议以前，所以我还认识。出席的还有中国驻法国大使馆的总领事钱能欣②。总领事对于我比较重要，因为我们的签证和护照都要找总领事馆。好在总领事很客气，你有什么要求，总是照办。所以我对钱能欣比较熟悉。那时还有一个姓王的白发老人，叫王子卿③。我那时年纪轻，对于白发老人总是肃然起敬的。还有一个叫费子衡④，头发稍微黑一点。这两个人都是勤工俭学时代的人。因为我的老师郑大章也是勤工俭学的，所以我对于勤工俭学的人也很有好感。其他的许多人我都不认识，会上发言我也听不清楚，因为我坐得比较远，只感到发言激昂慷慨。这时费子衡对我说："小杨啊，你出去看看，外面好像很紧张。"

费子衡，人家都叫他费老，其实他不老，他没有那个白头发的王子卿老。王子卿资格更老。我和王子卿见面的时间少，和费子衡见面的时候多。费子衡让我去看看，我仔细一看不得了，院子里面人比较多，有十多个，每个人都拿着一个什么东西。仔细一看，那是法国人烧壁炉的棍子，2到3厘米的直径，差不多齐胸高，在腰与胸之间，像是枪的样子。我一看要动武的样子，这才明白费老为什么要让我来看看，他们政治经验丰

---

① 孟鞠如（1910—1996），1926年赴法国留学。1933年获法国国家法学博士学位。曾任国民政府驻法国大使馆参事。1949年中华人民共和国成立后，率驻法大使馆部分人员起义。1951年回国。

② 钱能欣（1914—2009），1940年西南联大毕业，后在法国巴黎大学文学院学习，曾任国民政府驻法国大使馆总领事。中华人民共和国成立后，积极参加了法国使馆部分成员的起义。1951年5月回到北京，在外交部工作。

③ 王子卿，早年参加周恩来等人领导的勤工俭学运动，是"华工工会"的成员，曾主编周恩来领导的《工人旬报》。1949年，曾作为工人代表和杨承宗等一起支持了国民政府驻法大使馆部分成员的起义。

④ 费子衡，早期即参加赴法勤工俭学运动，1925年和邓小平、傅钟等人一起，成为中国共产主义青年团旅欧区临时执行委员会委员，后在法国华侨中从事进步活动。1950年起，任中共旅法支部书记，旅法华侨联合会副主席。

富，我是稀里糊涂。我出门刚一转弯就看到两个人，他们问我："你上哪儿？"就不让我走了。我就警觉起来。看他们凶神恶煞的样子，好像是要打架。我还是第一次见到这种局面，我说我上厕所。厕所在二楼，不过要兜过去，走过一个走马回廊，就是一个开阔的院子，上面都是月台，要兜过近四分之一的地方，是比较长的路。我真的上了厕所。我就故意在厕所里面多待些时间，我回来时再看看，好像事情越来越紧张，力量对比越来越悬殊。他们准备了一批打手。我回来把情况告诉了费子衡，不久就散会了。散会后，大家都纷纷往外走出。虽然我坐在门口的沙发上，但是我这个人不愿意和人争，因此让人家先走。等大部分的人都走出去了，我才从沙发上站起来，慢吞吞地走到门口。就在这时，我忽然听见隔壁有个小房间里有人用中国话喊"救命"，我就回过身来，朝着声音来源的方向，跑到喊救命的那个房间门口，看见一个人头上身上都是血。于是我就对正在往外走的人们大喊："回来，回来，出事了！"

听到我的喊声，很多人跑回来了，这时打人的人也跑了，喊救命的也不喊了，看看事情平息了，我就和大伙一样离开了，这个事的结局我就不知道了。

第二天，巴黎的《人道报》上就有了一个新闻，说是中国大使馆出了血案，是中国人争斗的结果。我也没有看懂，中国人怎么会打起来呢。

在一两个月之后，可能时间还要长些，我收到了法国司法部大理院的听证会传票，多少号，几点钟，在什么地方，要我出庭。我一下紧张起来了，怎么法国人的大理院要我打起官司来了？

大理院，在巴黎塞纳河中间的一个岛上。我从第五区居里实验室或是从我的宿舍出行，要坐公共汽车就必须经过这个岛才能到塞纳河的西岸，因此我经常经过大理院，可以看到大理院的大门。大门做工非常漂亮，金光灿灿的。说句题外话，法国人的金光灿灿，真的是金光灿灿，不像中国的金佛，涂的是金粉漆，过几年就暗淡无光了。法国人是用金箔贴在上边。第一次世界大战时，法国损失很大。第二次世界大战，又被德国人占领了。战后，巴黎市政府特意向国家要了4吨黄金装修巴黎歌剧院，所以它金光闪闪，经久不衰。我们进去，感到金碧辉煌。他们用的金是真金，4吨的真金。我在法国的时候，金子便宜，20克还是25克一个金法郎，等于200法郎，几顿饭的钱就可以买一个。当时我的收入比较好，觉得金子比较便宜。可惜那时我一个也没有买，哈哈，扯远了。

大理院的规模不大，是法国最高级的司法机构。法国司法部有特别规定，外国人都要由大理院来管理。

我是和吴新谋一起坐地铁去大理院的。在路上，吴新谋还问我，"你要怎么说？"他还在怀疑我。我那时也不知道国民党、共产党，是敌我不分的。事实上在这种战场上，要分清敌我的确也很难。他看看我好像也和国民党差不多，我也不知道他们之间的斗争，我就老老实实地对他讲，我按照事实讲嘛，是什么事实就是什么事实。他也同意。

我是第一次走进法国大理院这个门。法国大理院铁门上面的箭头个个都是金的，我很惊奇，记忆特别深。我们进到一个小房间里，房子也很漂亮，这就是法庭，小得很，一间一间的，大概有20个座位，上面有一个和讲台差不多的台子，我进去坐好了。被召去听证的有6个人，除我和吴新谋之外，还有梁志宏、董宁川，还有一个好像是费子衡还是王子卿，好像还有李风白[①]。当事人孟鞠如肯定在场，因为我作证的时候，我还指了

[①] 李风白（1900—1984），湖南芷江人。1920年到巴黎勤工俭学。1924年入巴黎国立高等美术学院学习。1933年再赴巴黎，组织华侨抗日团体。抗战爆发后，组织"中国艺术研究协会"，从事抗日活动。1946年在巴黎加入中国共产党。1950年任中国旅法华侨联合会主席。1953年回国，从事法文翻译。

他一下。我们坐定了之后，两个人进来了，一个是法官，一个是书记员。法庭像个没有黑板的教室，上面挂了一个法国的国徽。法官宣布开庭后，他讲的什么，我听不大清楚。我的法语应付放射化学绰绰有余，可是法律方面的，有的连单词都听不懂。

那是我第一次打官司，法官起初很严肃，他问："你是哪里的？"

我说："我是中国人。"

"什么地方出生？"

我说："在中国苏州。"

法官的面孔很严肃。他又问："你现在做什么工作？"

我说："在国家科学研究中心当助理研究员。"

法官又问："在哪里工作？"

我说："在镭学研究所。"

他问："在哪个实验室工作？"

我说："在居里实验室工作。"

其实，我只要说居里实验室就行了。因为法国有两个名字是遐迩闻名的，一个是巴斯德，一个是居里，真正是妇孺皆知的。现在世界上谁都知道巴斯德，巴斯德的消毒方法不知拯救了多少人的生命。至于镭的发现，从根本上开辟了一个新的科学领域，从不知到知，发现了放射性，实现了居里夫人的全部人生价值。那个时候我自己在这个实验室工作还不觉得，在接触了外界后才深有感受。巴斯德和居里这两个名字在法国影响之大，难以想象。后来，我拿到钱三强交来的 3 000 美金去买东西也是这样，先把自己的名字写下来，然后把电话写下来，当我写到居里实验室时，对方就说："啊，居里实验室！不用写了。"

当我说我是巴黎大学学生，我的工作单位是镭学研究所居里实验室时，我看到法官的脸色开始变了，不那么紧绷了。

法官又问我："你的教授是谁？"

我说："是约里奥-居里夫人。"

法官听了，虽然不是满面堆笑，但也大大地缓和了，我当然也就不紧张了。他问我案发当时在哪里，我说我在什么地方，那个会议我参加了，我听见有人喊救命。我就向已经走出会客室的中国人大声喊"回来！回来"，于是大部分人都回来了。回来以后，看见一个人被打得头破血流了。在此之前，我还看见有一批我不认识的人，拿着烧火棍站在那边，有5到10个人的样子。

法官问："其他还有什么吗？"

我说："没有了。我眼见的真实情况就是这样。"

之后，他们让我在笔录上签字。我看法文的科学杂志还行，看法国法律上的打官司文件，有的连单词都看不懂。那个时候很紧张，签字时，我打了埋伏，我加了一句："根据我所知道的事实是准确的。"他看我加了一句话，也没有办法。

我们从大理院出来之后，吴新谋大大松了口气，紧紧地和我握了手之后，我们才分开。后来我看了《人道报》以后我才知道这官司是怎么一回事。我平时常看的是《世界报》，因为这张报纸上没有广告。法国的很多报纸都有广告，我也不去买这些广告上的东西，这些广告占了很多版面，再说有的时候也看不懂，所以我根本不去看。我看法文报纸只看有关科学的，或是真正重要的国际新闻，一般的小新闻我也不看。《世界报》刚好没有广告，版面比较小，没有广告，看起来舒服些。可是我在《世界报》上找不到关于我们打官司这条新闻。看了《人道报》，我才知道了这件事情的真相。我去打官司时，当时还不知道被打的人是谁。在大理院的审理以后，我才弄清楚了，挨打的是原来国民党政府驻巴黎公使馆的孟鞠如。当时他被打得头破血流，还有下身也可能被踢了一脚，很疼。除此之外，还有几个挨打的。孟鞠如后来回国了，这次行动实际上是国民党政府驻法国大使馆的起义行动。孟鞠如他们赞成接受中华人民共和国政府的领导，脱离国民党政府的领导，因此是一个起义的行动。指使打人的人就是国民政府驻荷兰的公使或是参赞，就是我请吃过饭的那个陈雄飞，是他收买的凶手。凶手都是温州帮，为什么都是温州人呢？因为在国民政府最后挣扎的时候，陈诚到过巴黎。陈诚是温州青田人，他到巴黎去了以后，温州青田的同乡都听得懂他的话，这些同胞就很容易跟着国民政府派来的特务和雇佣跑。他们是被雇来行凶的，后来看见我们这些学生人多，就跑了。这个情况我记得很清楚。

公使馆里的这场惨剧对我教育很大。我觉得我还是比较成功的，事情说清楚了。谁打了谁，我也说清楚了。虽然没有点明是国民党，但是证明了那些拿烧火棍的就是凶手。国民党失败了，就穷凶极恶地要打人了。打这场官司的时间大概是1950年的初春。孟鞠如在驻法国公使馆被打的时间是1949年，后来也不知道是谁告的状，大概是孟鞠如他们告的状吧。好，打官司的事，就讲到这里。

伊莲娜·居里赠送放射性标准源

博士论文通过之后，我就加紧准备回国的事情了。居里实验室有一位俄国后裔，叫"伊戈尔"，当时我以为他的名字就叫伊戈尔，后来知道俄国有个国王叫伊戈尔，大家和他开玩笑，叫他伊戈尔，他也答应。我到现在还不知道他的真实姓名。我也查过，但是没有查出来，后来，他离开居里实验室了，我也查不到了。他年纪也不大，三四十岁的样子。他到我的实验室来话别，送我一个小礼物，他还比较正式地对我说："这是实验室给你的纪念品。"我现在想，他可能是得到约里奥－居里夫人授意的。

我就跟他讲："我希望有一点你的放射性标准源。"

他说："你要啊？"

我说："是啊。"

因为我跟郑先生学的时候，我用过。郑先生买过2毫克的含镭碳酸钡标准源。后来，日本人来了，那2毫克的碳酸钡镭到哪里去了就没有下落了。因此，我想要一点。我用法语讲的，在法语中"有"就是"要一点"的意思。我就是想要一点标准镭源。他一听，马上就下去了，他把实验室里的一个小瓶子拿来了。我后来才知道，那是老居里夫人亲手制作的标准源，非常珍贵的国际标准源。不过那时候是1951年，原子弹都已经有了，标准源已经没有多大用处了。我的想法是，我们国家那时候找铀矿很没有把握，而开发原子能就要从找铀矿开始，要找铀矿就要有一点标准的镭源，比对一下就可以知道矿藏里面有没有铀了。那个瓶子不大，大概是有250毫升的样子，不满，瓶子上的纸都发黑了。因为伊戈尔操作惯了，就直接用手操作了。他问："你有瓶子吗？"

我找来一个瓶子，也没有用工具，就瓶子对瓶子地倒了起来，他一边倒一边问我："够不够？"我就说："不够，再多给一些吧。"

倒了多少，他也没有称，我也没有量。我的瓶子比较大，大概是100毫升，倒了一瓶底，我估计有10克左右，他也说在10克左右。我是宁愿花钱买的，他没有称分量，也没有要钱，那我也就顺水推舟，把这笔钱省下来了。我对他说过"非常感谢",两人就分手了。

到了下午,约里奥-居里夫人来找我。她问我:"你是不是要了一点碳酸钡镭?"

我说:"伊戈尔已经给我了。"

她说:"你要那么多干吗?"

因为郑先生是向居里实验室买的,只买了2毫克,2毫克没有几粒,装在一个玻璃管子里。我拿到的可是10克!一直到后来我给了中国计量院,他们也没有称。

我只好对约里奥-居里夫人说:"我们中国地方大,各省一分,就没有多少了。"

她笑笑说:"嗯,也对。"

照我的理解,她的笑就意味着,这事就这么定了。这些碳酸钡镭标准源,就这么不费吹灰之力,也没有花一分钱就拿到手了,而且分量还不少。

当然脑筋还是费了一点。我回来的时候,用铅皮把它包了包,就放在行李里。那时候不许带放射性的东西出境,我自己也买了一些彩色胶卷,有两三卷吧,因为那时国内还不能生产。因此,怎么携带,还真有些麻烦。好在我回国时还比较顺利,总算把这些碳酸钡镭标准源顺利带了回去。

约里奥-居里的忠告

那是在我拿到了碳酸钡镭标准源两三天之后,大约是1951年6月里的一天,约里奥-居里夫人对我说:"你想不想去看看约里奥-居里先生?"

我说:"我正想去谢谢他。"

见到约里奥-居里先生之后,他对我讲了一番很重要的话,我的印象很深。他一边在空中挥动着左臂,一边慷慨激昂地大声说:"你回去转告毛泽东,你们要保卫和平,要反对原子弹,就要自己有原子弹。原子弹也不是那么可怕的,原子弹的原理也不是美国人发明的。你们有自己的科学家,钱呀、你呀、钱的夫人呀、汪呀。"

钱是指钱三强,钱的夫人当然就是指何泽慧了。"汪"应当是指汪德昭[①]。他是朗之万的学生、钱三强的好朋友,和约里奥-居里也很熟悉。在法国期间,他曾经参与创立过一个"朗之万-汪德昭-布里加"定律,是关于大气物理的。后来,他响应周总理的号召,回国参加建设。他到北京的时候,还是我到前门火车站接的他,有一段时间还在原子能所担任过室主任。不久又按照国家的部署,创办了中国科学院声学所,他是第一任所长,被称为"新中国国防水声学的奠基人"。

当时,我只是反复默记约里奥-居里的话,以便回国后,原原本本地向毛泽东主席报告。对于他为什么讲这段话,理解得还不深。后来我才知道,那时,抗美援朝战争正打得紧张,美国为首的"联合国军"不能取胜,就叫嚷要用原子弹,美国军方甚至把能投掷原子弹的重型轰炸机调到了日本,只等一声令下,就要动用核武器轰炸中国人民志愿军和朝鲜人民军,甚至还叫嚣要轰炸中国的东北。美国的核讹诈政策,引起世界爱好和

[①] 汪德昭(1905—1998),江苏灌云县人,北京师范大学毕业,1940年获法国巴黎大学国家博士学位。1948年起,一直在法国国家科学研究中心任研究员,法国石英公司顾问,法国原子能委员会技术指导,英国同位素发展公司顾问。1956年回国,历任中国科学院原子能所研究室主任兼中国科学院器材局局长;中科院电子所任副所长兼室主任,中科院声学所所长,中国科技大学兼职教授,中科院声学所名誉所长。

平人士的强烈反对。约里奥－居里先生一向同情和支持中国人民。此时正担任世界和平理事会主席的他，对此非常愤怒，因此才要我向毛泽东主席转达他的这段话。

3 000 美元购器材

艺术家李风白，是钱三强的朋友。他有一次来看我，说是国内带来了5 000 美元，要他带给我，要我替国内买器材。我大吃一惊，因为我事先没有得到任何通知，我也从来没有一下子接手过这么多美元。5 000 美元，在当时是很大一笔钱。5 000 美元啊，新中国刚刚建国，那么困难，竟能够拿出5 000 美元来购买科研器材！

我把美元放在卧室里的箱子里面。后来接到三强的信，要我买器材。这个时候，我正在打听，写信到各个厂家去订购东西。有的已经联系好了，有的已经付了订金，就在这将买未买的时候，李风白又来了。

他问："上次给你的5 000 美元还在吗？"

我说："还在啊，我还没有用掉呢。"

他说他还有别的用处，要我还他。当初他给我这5 000 美元的时候，我认为是国家对我的信任，所以我不辞辛苦地四处奔走，打听，虽然没有用掉，却已经开始用了。现在忽然要拿走了，这不是国家对自己的不信任吗？我心里肯定是不大愉快的，但脸上不知道表现出来没有。既然是李风白交给我的，我又不能不还。他把钱要回去的时间，和他给我钱的时间，相隔大概不到一个月，这件事弄得我很不高兴。谁知过了几个星期以后，李风白又来了，他说要回去的钱，还要还给我。我当然高兴了。可是他又说，我现在只能还给你 3 000 美元①，我一听就有些恐慌。因为我订购的东西需要 5 000 美元，现在少了怎么办？不过他给我 3 000 美元，我也很高兴，这说明我们国家对我的信任。

论文一通过，我就去订法国的轮船票，那时法国的航运公司有一艘船叫"马赛号"，第一次到远东去，目的地港是日本，途中经过香港，也经过上海，但不靠岸。因为难得有这么一班船，所以我就马上订这班轮船。同时进入了紧张的采购阶段。直到临走，我都在采购。采购以巴黎为主，有很多东西在法国买不到，要到英国去买。有的还是从瑞士买来的，比如我们在居里实验室用的一种真空泵，只有瑞士才有，我又要到瑞士去。因为时间很紧，所以从巴黎到伦敦我是坐飞机去的，这是我第一次坐飞机。回来是坐轮船，因为我带了仪器，仪器重得很哪。

巴黎有一个公司是生产玻璃器材的，我买了一大箱子，很长的一个箱子，有两米长吧。玻璃器材是请帕杰斯去买的。你想吧，我的实验室原来是德比安的，后来别人收拾这间实验室的时候，我看到一箩筐的玻璃真空阀门，那个箩筐高 1 米多，直径有 60 到 70 厘米。布歇士对我说："你猜猜有多少？"

我说："总有 100 个。"

他说："有 300 多个。"

他数了 300 个还没有数完。因为玻璃系统很不容易将空气抽干净，一

---

① 1949 年 3 月，中共中央决定由郭沫若率领代表团赴巴黎参加世界和平拥护者大会，钱三强为其成员。钱向中央统战部部长李维汉提出借此机会购买核科学所必需的研究器材，希望拨给外汇，此请经周恩来批准同意。后来代表团入境受阻而止步于布拉格，但通过组织渠道将 5 000 美元转到中国留学者手中。事见钱三强回忆文章《新中国原子核科学技术事业的领导者》，载于《不尽的思念》（中央文献出版社，1987 年，294～295 页）。5 000 美元中的 3 000 美元由杨承宗在法国办理，另外 2 000 美元交由留英的杨澄中先生办理。

旦抽干净了以后，就舍不得再放进空气去，因此，需要的时候就接一个新的上去，一个一个接上去，接了300多个，成了一棵"真空树"。我买的玻璃器材很多，而且各种玻璃都有。直到我临走了，那家公司还没有交货，约里奥－居里夫人的秘书夏尔巴·黛丝一直张罗着替我买东西。我们居里实验室的秘书，已经换了好几代了，夏尔巴·黛丝是最新一代。她很年轻，但很热心。夏尔巴·黛丝跟莫尼克·帕杰斯年纪差不多，因此经常来我的实验室看莫尼克·帕杰斯，这样我就和夏尔巴·黛丝比较熟悉。当然，主要是由于她的热心。

买东西交货的时候，货物都是拿到我的实验室来的。以我们居里实验室的名义买东西，都不用对商家讲地址，他们就会把货送来。在巴黎买东西，一点阻碍都没有，一帆风顺。可是这箱子玻璃器材，我订了货，厂家却不能及时交货。我要走了，等不及了，但也不想退货，因为价钱比较合理。后来我临走的时候，就要求厂家把这箱玻璃器材送到居里实验室来，我请夏尔巴·黛丝代我接收。同时，有些钱我也没有付齐，我在那里留了4万法郎的支票，估计要花3万多，我不能少给啊！这张支票是法国储蓄银行的支票。这票根还在，要找还能找到。反正我一箱玻璃器材买到了，那时中国还是很缺乏这种玻璃器材的。夏尔巴·黛丝帮助我接收东西，替我付账。他们就说，夏尔巴·黛丝小姐成了杨承宗的秘书了。我说我请不起这么大的秘书，她是我的朋友。

后来我回国了，那时中法没有建交，来往非常困难。夏尔巴·黛丝给我来过一封信，问我玻璃器材收到了没有，那时我的账早就报掉了。一直到1989年的春天，我接受已经是居里实验室主任的莫尼克·帕杰斯的邀请，到居里实验室去访问。我一到就去找夏尔巴·黛丝，她已经不在那里了，她和丈夫到巴基斯坦去了。法国和巴基斯坦的交往还是比较多的，至少民间来往比较多。最后这4万法郎到现在也没有结算，因为法郎这时也大大贬值了。

在采购仪器时，实验室对我的帮助很大，因为都知道我要回国了，全实验室的人都到我的实验室里来和我话别，帮助我。这其中最主要的一件事是买一台百进制的电子计数器。那时的计数器都是二进制或十六进制的。法国生产的是百进制的，全世界的国际标准局在法国，都是十进制。

为了买百进制的计数器，我就跟布歇士先生商量，他没有做声，他也藏得住。有一天，我正在做实验，他匆匆忙忙地来了，他说："杨啊，你不是要计数器吗？今天佛朗西斯·贝朗先生要到我们实验室来看约里奥-居里夫人。你要这个东西一定要得到他的允许才好办。"

贝朗先生是法国原子能委员会的一个技术上的主任委员。我和贝朗先生也曾见过面，但是根本没有交谈过。不过，那个时候我算是初生牛犊不怕虎，他来了，我就决心和他见一面，谈谈要买计数器的事。我就按时到约里奥-居里夫人的办公室去了。我敲门，夫人来开门，看见我，很和蔼的样子，我看形势不错。我说，我想见见贝朗先生。夫人问我有什么事，我说想买一个百进制计数器，她笑笑说"好的"，就让我进去，并且向贝朗先生介绍说："这是杨，是北京来的。现在他要回国，他想买些放射性测量的仪器，他要见你，你同意吗？"

他说："好，好。他是客人嘛。"看到居里夫人的态度，他当然也很客气了。

那时，我还没有通过博士论文。我接着就开口了，说我想买一个百进制计数器，买一个高压直流稳定电源，一个盖革计数管的装置，贝朗先生能不能允许我向原子能委员会购买？贝朗还没有答复，约里奥-居里夫人就插话了,她说:"杨想回去做一些放射性同位素的分离测定在医学方面的应用。"

那个时候我不知道这个圈子里的规则,贝朗先生迟疑了一下,就说:"行啊。"

居里夫人就叫我写一个东西,交给贝朗先生批一下,我说,好的,好的。我看到情况还不错,顺利得出乎我的预料。我出来之后就找了一张纸,写了一个给法国原子能委员会的申请,要求购买一个法国原子能委员会生产的百进制计数器,包括一个高压稳定电源,还有一个阿尔法盖革计数管。我把申请写好后,立刻送到居里夫人的办公室去,交给了居里夫人。居里夫人把这张纸交给了贝朗先生,贝朗先生马上就签了字,批准了。我就凭这个批件,到法国原子能委员会办公的地方,去买了这些仪器,很顺利地交了钱,拿到了东西。可是这个"顺利"是表面的,背景其实是很复杂的。

1950年,朝鲜战争爆发之后,美国以联合国的名义,要求西方国家对中国实行"禁运",许多东西都不准卖给中国,其中当然包括原子能科研器材。禁运了以后,具体执行由联合国教科文组织执行,而联合国教科文组织就在巴黎。当时的法国政府是很右倾的,执行这个禁运政策是很严格的。这是大背景。小背景呢,是布歇士首先向我透漏的消息。他怎么知道呢?原来贝朗先生和约里奥-居里夫人是世交。他们三代都和居里实验室有着密切的关系。扬·贝朗是老居里夫人的好朋友。

1935年,约里奥-居里夫妇发现了人造放射性。当时的法国政府领导人在政府里面成立了一个科技部,请了约里奥-居里夫人担任副部长。几个月之后,她不喜欢当官,她受巴黎大学的任命,当了巴黎大学的教授,主持居里实验室的工作,这是1936年的事情。居里夫人就把副部长的职位让给了老贝朗的儿子佛朗西斯·贝朗。到法国成立原子能委员会的时候,她邀请了佛朗西斯·贝朗。我这里还保留有一张照片,是当时的法国原子能委员会全体委员的合影。当时的原子能委员会主任委员是约里奥－居里先生。居里夫人是委员,佛朗西斯·贝朗也是委员。后来到了1950年,居里先生担任了世界和平理事会主席,他发表了一个和平利用原子能的演说,他说原子能可以造福于世界和平,可是它也能落在坏人手中,变成杀害人民的利器。他是站在原子能为和平利用的一边的。他是在暗示不赞成英美加联合起来搞核讹诈。因此,他被当时的法国总理辞退了,不让他当原子能委员会的主任委员。后来就由佛朗西斯·贝朗担任原子能委员会的主任委员了。1951年,虽然居里先生不是原子能委员会的主任委员了,可是由于有佛朗西斯·贝朗的关系,他们和原子能委员会还是有密切联系。那一天,佛朗西斯和居里夫人究竟有什么事,我不清楚。但是佛朗西斯的儿子尼斯·贝朗和布歇士是在一个实验室。尼斯这天在实验室里和布歇士说他父亲今天要来。布歇士就问他父亲来看谁,有什么事,然后把这些情况转告给我。这个来龙去脉,我也是后来才知道的。这个百进制计数器,我没有详细研究,但可能是当时世界上最先进的,因为我们50年代从苏联买来的仪器,还不如我当初在法国买来的先进。法国的这个小巧,性能好。苏联的是二进制、九十六进制的,法国都是十进制、百进制的。

可见贝朗三代的影响,对于我购买仪器是很有帮助的。这样,我顺利地买到了百进制计数器和一个1 500 V的高压直流稳定电源,还买到了一个盖革计数管,一个阿尔法计数管,不过阿尔法计数管很难伺候,回到中国不久就坏了。

布歇士送我上船

买到这些"宝贝"不容易,要把它们运回国也不容易。为了装这些"宝贝",我专门去巴黎最大的春天百货商场,买了一个新的箱子。春天百货商场漂亮极了,既然来了,我就要先欣赏欣赏。它有一个观光电梯,是全玻璃的。我只买了两样东西,先是买了一块料子,给我的夫人,还有就是买了一个大箱子,法国做的,十二层夹板,外面用布胶住了,加固了,四个角都用羊皮包的。箱子太大,不好运,不能坐地铁,就打的。我不敢招呼出租车,还是出租车司机招呼我的。

这个箱子太大,出租车太小,放不进去,只能放在车顶上。那时法国的私家车也是这样,许多东西都放在汽车顶上,周末开着去旅游。司机一个人不好搬,我帮他搬了一下子,他很高兴。

到了大学城,司机把箱子放在国际大厦边门,我就拖着它进门了。我当时住在第三层,楼层很高,三层楼相当于一般楼房的四层高,很不好搬,门房就说:"这样,我给你开电梯。"

这个楼里有专门运输行李的电梯,很少使用,因为住在这里的大都是年轻人。可是到了宿舍门口就进不去了,一是门太小,二是里面已经有我的一个大箱子了。那是我从旧货市场买来的二手货,是美国大兵卖的,比较便宜,只有一两千法郎吧。没办法,只好把新买来的箱子放在走道里,我用油漆重新把旧箱子漆了一下子,还写上了我的名字"M, J. T. YANG"。我想我的两个箱子都用一样的名字不好办,就把我的旧箱子漆成了"MRS, J. T. YANG",就是杨承宗夫人的,把新买的箱子漆成

"M，J.T.YANG"。外国人有个规矩，对夫人、女士客气一些。我就把我的夫人捧出来，让她担当一下子，也作为一个纪念。后来，因为老箱子结构复杂不好办，大东西放不下。新箱子可以放进很多东西，但我不愿意把它搞得太重。因为箱子从宿舍门搬进搬出的很困难，而且又买了新的仪器。因此又要买箱子。箱子越来越多了，我看外面比较安全，就把十几个箱子摞起来放在走道里，马上就有看门的人来打招呼了，他开玩笑说："你要把巴黎都买回中国去吧？"我也没办法回答他。

我那时还带了一个新的学生，实验室里派来的，不是帕杰斯，帕杰斯已经是老学生了。新来的这个学生叫卡东采芙，是一个俄国人，俄裔法国人，也是一个女的。她来的时候没有仪器用了，因为我用的仪器已经搬掉了，我在最后的一两个星期把新仪器组装起来，她才能用。

那时我的箱子都摆在走廊，招摇得很。布歇士就问我，你的东西有多少？我说总共十来个箱子，他笑嘻嘻地说："要不要我送送你，这样，我可以送你上船，看着你离开。"

我一点思想准备也没有，他这么一说，我也很高兴，就说："好啊！"

送我有两个办法，一是在巴黎送我上火车；二是一直送我到马赛港，送我上船。等我真正装箱的时候，距离启程回国的时间只有两个星期了。按巴黎的习惯，已经是到了8月份放带薪公假的时候了。法国人对这个假期是非常重视的。有的人从7月半到8月半，有的人从8月1号到8月底，有的是从8月15号到9月15号，放假期间工资照给。假期连面包店也休假了，他们都商量好的。门口都挂着牌子，说明我这个店放假，附近能营业的面包店在哪里，等等。居里实验室也放假，所以布歇士讲"我要看你离开"，那是要占用他假期时间的。布歇士很让我感动。

我想我应当有很积极的回应，所以我也给他买了火车票，但是没有给他买回程的。因为他回去时，是到介于里昂和马赛之间的一个地方度假去，他的夫人已经提前去了。因此给他买回程车票太复杂，我也就不客气了。

开船前两天，我们就把托运行李的事都办好了，一共大小13件。我们在马赛住了两个晚上，第二天，没有事了，我们就参观市容。马赛的房子啊、炮台啊，都看了看。法国大革命时，马赛也是很有名的。到了第三天，要上船了，他替我拿了两个箱子，每只手一个。因为东西多，我生怕忘掉什么，结果还是忘了照相用的测光器。

布歇士一直送我上码头。他也是第一次看见远洋轮船，那艘船叫"马赛号"，大概是两万吨级的，在远洋轮船中并不算很大，但它是法国最新制造的。码头上有两条通道，一条是专给法国人通过的，另一条是给非法国护照的人通过的。因为布歇士是法国人，他有居民证，他走那条通道，根本没有人管他。他对我说，给我一个箱子吧，13个箱子给他哪一个呢？我就把大箱子给了他，他很快就上了船。他上了船之后，就注视着我，可是我没有看到他，我正紧张地过海关。海关的人问我："这里是什么东西？"我说："都是行李，包括我夫人的行李。"

我过海关虽然不像布歇士那么顺利，可是也没有什么麻烦。我已经把钥匙都准备好了，可是海关的人没有让我打开箱子检查。这个人看起来很凶的样子，问我在哪里工作，我说在居里实验室工作，他点点头说好，很客气。这时，在我旁边有两个苦力等着。他们的"门槛"（吴地方言，常指精明，尤其是会做生意）比我精，一看海关没有阻挡我，把我的箱子搬起来就走。他们一个人可以带好几个箱子，用皮带一背，前面挂几个小箱子，后面还能背几个大箱子。我非常感激这位海关人员，他对我也很感兴趣。我还给了他一张名片。

上了船，布歇士就到舱里来找到了我。他跟我告别，要我一路珍重，同时还给我一个信封，里面有一张纸，是一个证明书。我当时没有来得及看。等我找到房间后，稍微定了定神，喘口气，把箱子和行李弄好。就这样一会儿时间，布歇士就不见了。我还没有顾得上跟他说话，他不见了，这怎么办？

不一会儿，布歇士回来了。原来他在和船上边的船员寒暄，不知讲些什么。我就跟他道别，感谢他对我的帮助。我们两个人说着就从房间里走出来了，走到船舱里的一个客厅，请船员给我们两个人照相做个纪念。我那时很累，他身体好，还年轻。不久，船上的锣响了，要开船了，他也赶紧离开，下了扶梯后，他向我挥手告别，我们那时真是难舍难分。

布歇士离开了以后，我出乎意外地发现，船员们对我客气得很，他们都叫我博士。我很奇怪，他们怎么知道我是博士？我得到博士学位没有多少时间，自己还不十分适应，原来是布歇士给他们讲的，要他们照顾我。不知是谁告诉我的，这个船上面有200个法国兵，他们被派到朝鲜战场上和我们打仗，我们的志愿军不是在1950年进入了朝鲜吗？美国以联合国的名义，要其他国家和他一起去打仗。这条船就带了200个法国兵，他们要经过香

1951年约里奥-居里夫人的助教布歇士先生帮助杨承宗回国登船时的临别留念

港，到达日本大阪，然后从日本再到朝鲜。这条船过了上海不停，一直到日本。当时我还不知道，这个船上有我们的敌人。我到一个小卖部去买了两包普罗旺斯烟，遇到了几个法国兵，大家也无所谓，我和法国兵也没有话讲。

船开航后，没有事了，我就把布歇士上船以后塞给我的那封信拿出来看。刚上船的时候不觉得，定下心来再看到这封信，真是太感动人了。原来他给我的是一封证明信。他担心我在法国原子能委员会买的仪器不能过关，他不放心，大概得到了居里夫人的允许，于是乎写了这样的证明信，太感动人了。我把这封信翻译出来了，抬头是"巴黎大学理学院"，日期是"1951年7月13日"，刚好是我农历的生日，地址是"镭学研究所，居里实验室。皮埃尔·居里街11号，巴黎第五区"。

证明信是这样写的："镭学研究所居里实验室证明，杨承宗先生从1947年10月起，在本实验室进行科学研究工作，并于1951年6月通过他的博士论文。他在工作中自行制作（也可以译成"组装"等）一些仪器，得到了授权，可以带出境。其中有测量频率的仪器，高压电压发生器。居里实验室主任代表，布歇士博士（主任助理）。"

感人的是，在他的努力下，这张证明书还经过了巴黎第五区警察局的认证，也就是管我们的一个警察局盖的图章，旁边有几个字：

"布歇士先生上述的证明有效。1951年7月13号，巴黎第五区警察局。"

这个厉害！首先是布歇士想到要写一个材料，以便我万一发生困难的时候，有所证明。其次，这个证明写得非常准确。我是1947年来的，1951年6月通过的博士论文，我在实验中自己做了一些仪器，我买的是零配件，自己安装起来的，那也是制作。"得到授权"也是确实的，法国原子能委员会主任委员同意我购买的，当然是有授权的。"其中有测量频率的仪器"，不错啊，进位器也可以说是测量频率的。"高压电压发生器"，一点不错啊，能产生1 500伏的高压稳定的电源是有啊。有这样的证明，我的问题就解决了。事先我没有想到他给我的是这样的东西，装箱前我还把原子能委员会仪器上边的一个标牌给挖掉了，当时是因为标牌上边有多少号啊什么的，省得啰唆，怕说不清楚。

虽然因为我的运气比较好，这个证明没有用上，但他想到开这样的证明书，署名还是"实验室主任代表"，的确很让我感动。我想到他大概是得到了约里奥－居里夫人的同意，要不然他也不可能开出这样的证明。更重要的是，他的签字是警察局承认的，证明有效。这样就有官方证明了，万一有什么事，这个证明还是很有力量的。到了中国以后，这个证明我不知道放到哪里了，我口头告诉了三强同志，但这封信我没有能拿给他看。后来这些材料倒是都找出来了，"文化大革命"中竟然也没有丢掉。

归途溯往

开船以后呢，已是精疲力竭，一直躺在床上边，除了吃饭以外，不想起来，也起不来，累极了。一方面累，一方面是平静不下来，心情平静不下来，真是思绪万千呀。首先是想到离开巴黎，离开实验室的情景。在里昂火车站，也就是巴黎南站，帕杰斯和夏尔巴·黛丝来送我。还有一位老华侨，取得了法国公民资格的费子衡先生，他是周总理在法国勤工俭学时期的同学，他代表华侨来送我。还有一位与我同住一个旅馆的人也主动来送，是当时勤工俭学的，还有其他一些人。

特别是布歇士，从巴黎的火车站上了火车来送我，一直到了马赛，在马赛待了三天两夜。我想想，布歇士替我做的太多了。以他为代表的居里实验室的人，一个一个都在我的眼前浮现，怎么样也放不开。这样，我老是躺在那里睡不着。有半年多的工夫吧，特别是三强给我寄了钱以后，东奔西跑地采购，但我不是孤军奋斗，好多人帮我的忙，包括上至原子能委员会的贝朗先生，总算是很顺利的。

船在海上航行的时间很长，四周都是海连天，天连海，海天茫茫，没有风景可看，又无事可做。我就把那封信拿出来读。这又引起我想到了很多，最高潮的就是上船的那一段。离开法国，在感情上面有一个很大的波动，往事都一一展现在眼前。

法国的朋友，特别是以布歇士为代表的居里实验室的朋友们，给了我方方面面无微不至的关怀。我买的仪器许多都是用电的，当时都是电子管的，还没有发展到半导体。我想线路坏了以后怎么修理？如果没有线路图就麻烦得很，结果布歇士把这些仪器的线路图搞来了，我就拿来描。那时没有复印机，我就描在一张大的蜡纸上。我需要的药品，夏尔巴·黛丝小姐替我去买。我们隔壁的一条马路上，有一个药铺，铺号叫"容·古尧姆"。虽然每一种药品很少，可是品种很多很多，她都帮助我买。我又往远想，想到去法国学习之前的时候，约里奥-居里夫人在1946年就给我一封信，这封信很客气，就凭这封信，我得到了国民政府的同意，领了护照，到法国公使馆取得了进入法国的签证，买到了去法国的船票。

5个年头的朝夕相处，魂绕梦系啊。在居里实验室里的每一个印象，那一张张曾经那样亲切，以后却难得再见的面孔，都在我脑海里浮现，心情极其复杂。还有那些能够陪我顺利踏上归途的大大小小的13个箱子，不也是亏得有约里奥-居里夫人和布歇士的帮助吗？

我在船上常把约里奥-居里夫人在1946年给我的那封信拿出来看。大忙过后，在船上有了时间，我就前前后后地做了一番回顾。这里我就回过头去，追溯一下约里奥-居里夫人给我写那封信的历史背景。

约里奥-居里夫人是1897年出生的，第二年，老居里夫人发现天然放射性，发现放射元素钋、放射性元素镭。她说话的时候，声音中带着严重的舌音，发音可是标准的巴黎人发音。第一次见面，她问我路上的情况，我就简单地讲了讲。后来我听三强讲，他也是从别人那里听说过，我们这位导师十几岁的时候，也是不容易的，很多同事都讲她是生不逢时呢。要照我看，约里奥-居里夫人年轻的时候和我们这些人的经历也差不多。她十几岁的时候，欧洲兵荒马乱，和我们中国军阀林立、内战不断的状况差不多。欧洲各国争雄，爆发了第一次世界大战，所以现在名声赫赫的约里奥-居里夫人，当时的小姑娘伊莲娜·居里，没有好好念中学。我们知道法国的中学教育很有名，可是她没有赶上那个机会。那个时候的中学大概学不到什么东西，于是几位有志之士、几位年轻的家长就自己组织起来让孩子念中学，这个合作的"教育组织"，没有名字的"中学"，是由老居里夫人，也就是玛丽·居里发起的。她联合其他几位家长，也是几位科学家，其中有保尔·朗之万。1934年，他受严济慈先生邀请到过中国，做过讲演。保尔·朗之万有个孩子也在这个"中学"。朗之万是当时著名的物理学家，就在这个"中学"里教物理。还有一位就是扬·贝朗，是物理化学家，贝朗定律的发现者，他来给孩子们教化学。据说教数学的是老居里夫人。这所"中学"里面也分小专业，伊莲娜·居里是学习物理专业的。

那时候是1914年，刚好是第一次世界大战，伤病员很多。老居里夫人创办了一个伤兵医院，利用X射线，就是波长稍微长一点的X光，用透射的办法，为伤病员进行诊断。X光是伦琴发现的，用X射线可以发现人体内的弹片，在治疗战伤方面用处很大，之后就发展成了一个放射学科。老居里夫人在伤兵医院进行诊断，伊莲娜就在军队里当护士，因为她刚好是念物理专业的，正好做她母亲的助手。1918年战争结束了。到了1919年，伊莲娜和她母亲一起复员，她跟着母亲一道进了镭学研究所，其实那个时候镭学研究所还没有真正建立起来。居里夫人发现镭是在巴黎理工学院，但并没有自己的实验室。到了她复员以后，国家才给她一笔钱，建立镭学研究所。巴黎理工学院我也去参观过，看过老居里夫人做了4年实验的地方。我去参观的时候，那个地方已经没有了，地上还有个用白油漆漆成的标志，大概是为当时老居里夫人发现镭元素的地方留个纪念吧。

到巴黎之后，我先认识了约里奥-居里夫人，她曾请我和钱三强到她家里做客，就认识了约里奥-居里先生。我那个时候法文还很差的，听也听不懂，说就更说不清楚了，所以我对约里奥-居里先生只认识人，还谈不到有什么深入了解。后来，和约里奥-居里先生见面的次数多了，我才逐渐知道，他比夫人的年龄稍微小一些。约里奥先生年轻时候的境况比他夫人的境况稍微好一些。他在一个著名的小学，叫拉瓦锡小学里念书，拉瓦锡就是发现氧的那位。他的成绩中等，但是体育、物理、化学成绩突出。他身体健壮，他的哥哥在第一次世界大战的时候，参军不久就牺牲了。约里奥先生受家庭的影响很大。1919年，他考进了巴黎理化学校。朗之万在这个学校里面当教导主任，他看约里奥的物理成绩比较突出，就让他去学物理。1924年毕业，朗之万就推荐他到镭学研究所当实验员。他当了几年实验员，因为表现很好，得了一笔奖学金，就进了巴黎大学。上巴黎大学只需每年花点登记费。每学期开学的时候，贴出布告来，像过去戏园子里的戏报一样，把哪位教授上什么课，在什么地点上都一一写明，贴在一根柱子上，可以称为"课报"，等于招揽学生，有兴趣的都可以去听。一年的学费，那个时候等于几个美金。到时候，你自己去上课，你不愿意上课也行，只要考试通过，但实验一定要做。如果实验没有完成，实验主任会提出意见，不会让你通过。所以实验非得做好，一定要有实验主任的签字，才能参加考试。约里奥于1930年通过了巴黎大学博士论文。他的博士论文是《关于若干放射性元素的电化学性质研究》。他一方面争取通过巴黎大学的博士论文，一方面还在巴黎的一个电工学校兼课，那是一所初级学校，教电学测量。他教得很好。

约里奥先生进了居里实验室以后，和伊莲娜·居里成了合作伙伴，因为实验需要两个人合作，一个负责提供放射性原料、放射性物质，一个负责观测放射性。研究工作上两个人配合得如鱼得水。他们在1926年结了婚。按法国人的习惯，结婚后要用丈夫的姓，但是如果女方不愿意放弃她原来的姓，可以把姓加进来，变成复姓。他们两个人的姓就变成了约里奥-居里。1934年1月，他们在《法兰西科学院院报》联名发表了《人工放射性》的论文，第二年就以发现人工放射性获得了诺贝尔化学奖。

1934年到1935年之间，人造放射性的发现，使得放射化学很活跃，是放射化学方面第二次大发展的历史性时刻。好多地球上以前不知道的同位素可以用人工的方法制造出来了。巴黎镭学研究所成了世界科学界瞩目的圣地。1937年，弗雷德里克·约里奥-居里先生被提名为法兰西学院教授。国家拨一笔特别的专款，在法兰西学院里面建了法国第一座也是欧洲第一座回旋加速器。我去的时候，这个回旋加速器已经在用了。

我曾经看过爱因斯坦在二战初期给罗斯福总统写的信，建议他考虑制造原子弹的可能性，结果，罗斯福总统批了6 000美元，启动了研究原子弹的计划。约里奥也曾经在1939年10月30号写过报告，提出过建议，可惜迟了。1939年9月3号，德国军队侵占波兰。那时法国还没有沦陷，正在紧张的时候，约里奥-居里先生一方面托人把重水运到英国去；另一方面坚持做了一些研究工作，就是证明铀的裂变，可以利用它自己发出的中子，不断地扩大，产生连锁反应，实现核爆炸，从而使核能得到真正利用。

  德军在战场上推进得很快，二战开始两个月之后，巴黎就开始撤退了。那时约里奥-居里先生已入伍了，1939年底，他当上了炮兵大尉。他建议当时法国政府的装备部部长拉乌尔·奥梯，秘密组织了一个小分队，专门到挪威去取重水。挪威是世界上一个著名的出重水的地方，因为挪威水力发电非常发达，电非常便宜，他们就用电解的方法进行分离以得到重水。挪威的电力便宜到什么程度呢？我的一个挪威同事告诉我，挪威的晚上和白天一样亮，挪威的水电站和周围的居民用的电灯起码是100瓦的，浪费得很！100瓦以下的灯泡根本买不到的，要买就要到法国来买。因为电便宜，所以挪威的重水最便宜。一个小国家，重水的产量却是全球最多的。德国纳粹这时已经把挪威占领了，奥梯秘密组织一个小分队，把挪威所有存下的185千克重水抢在德国人占领法国之前的几个星期，运到了法国的克莱芒弗朗，这是一个中等城市。重水被储藏在法兰西银行的保险库里，代号叫"Z"。本来约里奥-居里夫妇还准备在克莱芒弗朗附近继续试验用中子轰击铀，研究裂变的链式反应。但因为德军推进得很快，没有多久就到了克莱芒弗朗的周围了。于是约里奥-居里先生就托奥尔玛和克朗斯基两个人，在1940年6月18号，带了185千克的重水，乘潜艇到英国去，以后奥尔玛和克朗斯基就到美国去参加原子弹材料的研究了。而约里奥-居里先生继续留在法国，参加了法国抵抗组织的战斗。

有一部电影《重水之战》，没有在中国演出过，大概中国人不知道。我在巴黎看过，这虽然是个电影，可是反映的事件却是真实的。讲的是一个挪威人（或是瑞典人）受到派遣，到挪威去把重水偷运过来的故事。其实反映的就是弗雷德里克·约里奥-居里先生在法国抗战时的这段故事。前些年，李岚清副总理曾经要求把经典的老电影引进来，其中就有《居里夫人》。我曾写信给他，希望能引进《重水之战》，后来这封信没有着落。这部电影一方面反映一个真实的故事，也反映科学家的眼界，反映他们和希特勒作斗争的另一个方面。

那时，约里奥-居里夫人患病了，大概是肺病吧，因为她是研究放射性的，在研究钋的时候，受到钋的影响。那时防护条件是很差的，我那时还看不出来，在辐射的安全防护方面，我的很多"坏习惯"都是从他们那里学来的。当然，还有很多好的习惯，也是从他们那里学的，而且学得还不够。现在的条件要好得多，可是我的习惯还没有改得很好。

约里奥-居里夫人在瑞士休养，约里奥一个人在法国的乡下孤军奋斗。他还有一个很要好的居里实验室的朋友，比他年纪轻一些，是一个德国人，叫盖特奈尔。就是他在约里奥-居里夫妇发现人工放射性的时候，从德国带来了一架盖革计数器。以后，在居里实验室，约里奥-居里先生请他用盖革计数器，换一个实验室来重复实验，证明人造放射性确实是存在的。约里奥-居里和盖特奈尔是先后同事，约里奥-居里还是老师辈的，两个人很要好。德军占领巴黎以后，盖特奈尔受德国宪兵司令部的委任，变成了管理巴黎所有文教机关的头头。盖特奈尔和约里奥-居里先生两个人大概有个默契，先生接受盖特奈尔的安排，盖特奈尔保证先生的安全。盖特奈尔还做了些好事，他对居里先生根本就没有动，大概一般的德国人都知道居里实验室的贡献。盖特奈尔还下了一个死命令，在巴斯德研究所的门口写上:"德国人不得入内!"我是听人家讲的,那个命令还不是不准德国兵进入,而是不许德国人进去。巴斯德研究所不得了,它保存着全世界几乎所有的细菌菌种,包括法国的六七百种酿造葡萄酒的菌种。盖特奈尔还做了些好事,法国的很多的文教科研设备都保存下来了。以后呢,约里奥-居里先生成了法国抵抗组织的头头,光复了以后,约里奥-居里先生就当了法国原子能委员会的领导人,当了世界和平理事会主席。所以他们对我在上海沦陷时不跟汪伪汉奸合作,非常赞赏。

一直到了1945年法国胜利之后,戴高乐担任临时总统,就任命约里奥-居里先生担任法国科学研究中心CNRS的总监。1945年的8月,美国用原子弹炸日本,日本正式投降。美国既大肆宣传原子弹的巨大威力,又到处讲他们研究的巨大成就。镭和钋是法国人发现的,以后人工放射性也是法国人发现的,但美国把自己和英国、加拿大三个国家的科学家的作用说得很多,实际上把原子弹研究成果的核心机密也仅仅局限在美、英、加三个国家范围之内。这个时候呢,戴高乐非常不高兴,他的独立意识很强。在他的头脑里,法国不能当二流国家,不能屈从于美国。他对美国在原子弹方面对法国保密,把法国人有意地排斥在外很不满。他受不了啦,于是与约里奥-居里先生等人商量了以后,就委任约里奥-居里先生成立一个法国原子能委员会。法国人和美、英、加对着干。这个时候在1945年到1946年之间,我刚好就在这个背景下,由严济慈先生写信推荐,钱三强证实了我的情况,还特别说明了我在上海坚守实验室,不和汉奸同流合污的事。

了解了这些情况,约里奥-居里夫人就写信答复严先生,通知我们说:"严先生的推荐得到了同意。"写这封信的时间是1946年4月1号。本来我还保管着这封信,后来转交给严先生的家人了。

当时法国原子能委员会的委员有七个人，我知道的有戴高乐，他是主任委员，底下有两个高级委员，一个是学术委员，另一个是行政管理委员。学术方面是由约里奥－居里先生担任高级委员，行政方委员则由老拉乌尔·奥梯担任，就是在巴黎沦陷前后，担任法国政府装备部部长的那个人。约里奥－居里就是给这个拉乌尔·奥梯提的建议，应当把挪威的重水取来。他果断地采纳了约里奥－居里的建议。这个名字我很熟悉，因为他退休后担任了巴黎大学大学城的主任。我到居里实验室之后，有那么一两年工夫，老是搬家，很不容易。后来约里奥－居里夫人的秘书拉瑞特知道后，就给我写了一封信，叫我去看望大学城的主任。我拿了这封信，就去找他，那里没有几个人，我也不知道谁是拉乌尔·奥梯。后来有个管事的人，他看了信之后，对我说，你把信留下来，等消息吧。不到几天工夫，马上有封信送到居里实验室了。拉瑞特就告诉我，拉乌尔·奥梯同意了，叫我去找大学城方面联系。我到居里实验室的时候，拉瑞特已经是老太太了，不久就去世了，很可惜的。

我和大学城联系后，他们马上给我一套房间，一套最好的房间，那个楼叫做国际楼，我的房间是国际楼的57号。这个楼一共有3层，大部分是能够住宿的，它配有一个大饭厅，一个大跳舞厅。我的房间就在大跳舞厅的上面，样样都好，一共两排房，不到一圈，20个房间。吃饭就在楼下，还有一个小卖部。开始的时候每星期六有一个舞会。后来法国的生活条件逐渐好了，变成每星期两次，星期三一次，星期六一次，到了这个时候，可以好好休息休息。

我一直有一个心愿，就是去瞻仰老居里夫妇一家的墓地。1947年的一天终于忙里偷闲有了机会，墓地在巴黎南郊的宝玺公墓，面积很大，我在看墓人指引下，好不容易才在靠近围墙的角落里找到老居里夫妇的墓。

科学巨擘居里夫妇一家四口就静静地长眠在这小小墓穴里。当时，眼前的景象真让我惊呆了。

普普通通的墓碑镌刻着逝者的姓名，自上而下分别是四个人的姓名：皮埃尔·居里的母亲——索菲·克莱尔、皮埃

1947年瞻仰老居里夫妇墓碑

尔·居里的父亲——尤金·居里、皮埃尔·居里、玛丽·居里。每个人的姓名下边用阿拉伯数字刻着生卒年月，青石砌成的墓台有两米多长、一米多宽，墓台上摆着两片铁制的橡树叶子，一片是法国政府赠送的，另一片是波兰政府赠送的。此外，还有波兰政府派特使参加居里夫人葬礼时，从居里夫人家乡带来的一抔黄土。仅此而已。这里没有豪华的大理石亭子，没有气派的浮雕像，只有爬满墓栏的野生常青藤，场面太令人感动了。居里夫妇太伟大了。

　　那时候有个说法，当然是开玩笑的，叫做"万般皆下品，唯有原子高"。但它确实反映了那个时候，全国上上下下都是重视原子能的。因此我们研究所的工作，院里抓得特别紧。1954年初，我们所一部分从东皇城根旧址搬到中关村，当时是一片农田。我们在中关村新建的大楼是中关村第一座科研大楼。因为样子是方方正正的，北大的几个先生就笑我们的楼是"火柴盒子"。

第5章 五十年代

踏进国门

回国途中，一面是回首往事，另一面则是归心似箭啊。不过回来的时候坐的是新船，比去的时候快多了，只三个星期就到香港了，而去的时候是在大海上漂了四十几天呀。

"马赛号"到了香港，忽然船舱的广播里在叫我们几个人的名字，有我，还有吴文俊，说是要我们"听候关照"。那时，不知道要怎么"关照"我们，心里很有些不安，但也只好等着。过了一会儿，来了一艘汽船，几个港英当局的警察上了船，看了看我们的证件，说了一声"跟我们走"，就带着我们上了汽船。我那13个宝贝箱子也被那些人高马大的警察提了起来，送到了汽船上。我们有合法签证却不能登陆香港，又不明底细，只能跟着他们走。汽船在行进的时候，港英当局的一个警察，斜挎着枪，叉着双腿站在船上，刚好站在我们座位的前边，透过他穿皮靴的两腿之间，能看见香港高楼林立的雾气蒙蒙的远景，我有一种屈辱的感觉，于是就拿出相机,顺手拍了一张照片,我叫它"胯下之辱",正好反映了当时香港在英国统治下的情况。这张照片我现在还留着,虽然已经是历史了。

我们乘的汽船一直向停泊着的一艘轮船驶去,当渐渐驶近时,我们看清楚了那艘轮船的桅杆上飘扬着五星红旗,那是我国的轮船"江门号"。这下我们放心了。原来,那时英国是西方阵营的一员,他不敢得罪美国,但是要保护自己在香港的利益,又不敢得罪中华人民共和国。于是,港英当局就想了这么一个办法,不让我们上岸,而是直接把我们送到

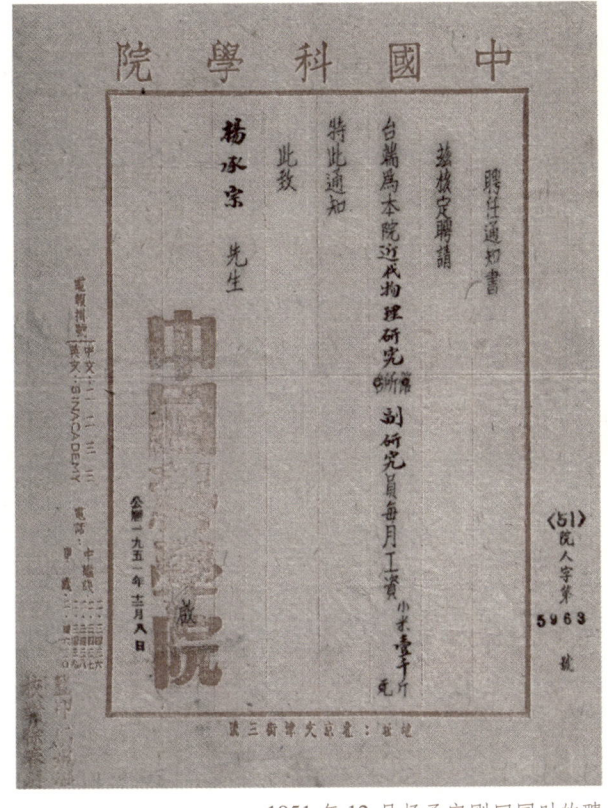

1951年12月杨承宗刚回国时的聘任通知书,每月工资小米1 000斤

"江门号"上,我那些箱子倒也省了搬运费。

东皇城根的近代物理所

我到北京后,就到中国科学院近代物理所工作。近代物理所就是原子能所的前身,那个时候近代物理所在城里的东皇城根,后来搬到中关村来

了，搬来之前已改称"物理研究所"①。到了 1958 年才明明白白地叫原子能研究所，对外界只说是搞原子能，不说搞原子弹。

杨承宗辞聘回国

1951 年 6 月 5 日，杨承宗收到了法国国家科学研究中心主任签发的续聘两年的聘书，从 1951 年 10 月 1 日至 1953 年 9 月 30 日，年薪为 555 350 法郎，另加补贴，约合每月 1 000 多美元。他致信法国国家科学研究中心表示感谢，但还是提出了辞呈，准备回国。

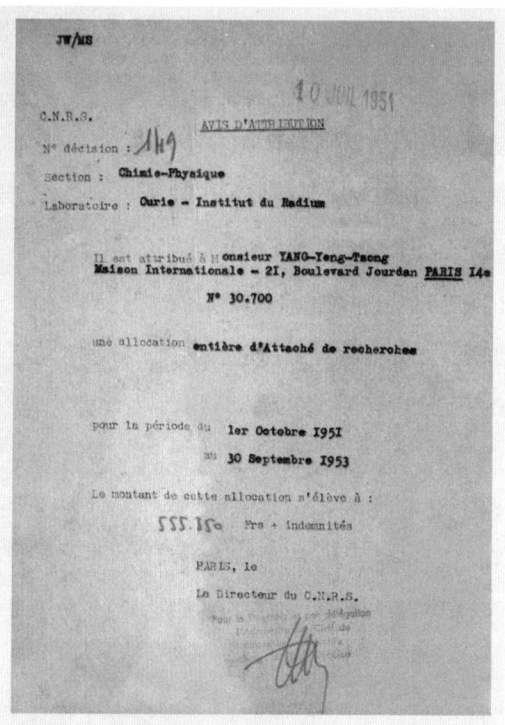

1951 年夏杨承宗收到法国国家科学研究中心续聘通知，聘期从 1951 年 10 月 1 日至 1953 年 9 月 30 日，年薪 555 350 法郎

---

① 近代物理研究所于 1953 年改称物理研究所，1958 年又改称原子能研究所，而原"应用物理研究所"改称"物理研究所"。为避免混淆，口述中大致避开"物理所"，而将早期称近代物理所，后来一般称原子能所。

我到所的时候，所里有钱三强、何泽慧，还有彭桓武、王淦昌、赵忠尧等人。我担任第7组组长。1951年12月8日，中科院下文，明确我的月工资为1 000斤小米。

回国后，我就向钱三强讲到约里奥-居里先生让我捎给毛主席的话。他听后严肃地对我讲："这几句话很重要，要绝对保密，千万要保密，就是对自己家人，妻子、孩子也不要讲。"

讲到保密，我本来不知道"保密"，那时候经常进行保密教育，"不该说的不说，不该问的不问，不该听的不听"。三强给我讲过之后，等于打了一个预防针，我这才知道保密是一个大问题。从此，约里奥-居里的话我就绝对不讲了。至于这件事多少年后是怎么传出来的，我后面再详细说。

我刚回国的时候，近代物理所的工作条件很差，我们放射化学组开始只有两个老式的日本岛津天平，还有两个掺了不少杂质的白金坩埚。这还是三强为了迎接我回国，冒着犯"年终突击花钱"的错误特意买来的。还有两个大学刚刚毕业，分配到我这里的大学生朱润生和林念芸，我们的放化研究就是这样起步的。在这样的简陋条件下，我把从法国带回来的13大箱仪器交给钱三强，他当然很高兴了，这都是稀缺的、在国内想买都买不到的重要设备。1952年10月，近代物理所明确了"以原子核物理研究为中心，充分发展放射化学研究，为原子能应用准备条件"的办所方向，并将原有的7个研究组调整为4个大组。一大组为实验核物理组，组长赵忠尧，副组长是何泽慧，还有被人们称为"英杨"的杨澄中①。二大组为

---

① 杨澄中（1913—1987），江苏常州人。核物理学家。中国科学院院士（1980）。1937年毕业于中央大学物理系。1950年获英国利物浦大学哲学博士学位。在静电加速器、高压倍加器和重离子加速器的研制及实验核物理研究方面取得多项重要成果。曾任兰州中国科学院近代物理所所长，组织领导了兰州重离子加速器的建造和重离子核物理实验研究工作。因与杨承宗两人同姓而名字音相近而易混淆，同事们用其留学所在国加以区别，称杨澄中为"英杨"，称杨承宗为"法杨"。

放射化学组,组长是我,副组长是郭挺章。三大组是宇宙线组,组长是王淦昌,副组长是肖健。四大组是理论组,组长是彭桓武。我们放射化学组最早的工作是从沥青铀矿中提取铀和分离铀的一些子体,做一些放射化学的研究工作。我们还做了放射源的制备等工作,这样以后测定放射性工作就有了一个基准,因为居里实验室就很重视标准,这是我在那里积累的经验。

  1952年是思想改造运动,学俄文。先是思想改造,还是两个同时进行的,记不大清了。政治上面是思想改造,业务上面是学俄文,向苏联老大哥学习。美国、英国,后来是法国,他们对于原子能、放射化学都是保密的,每个国家都会这样,不会全部放开的。尽管老居里夫人不赞成对科学保密,连她发现的取得镭的化学流程也公开了。

  居里夫人到了后期的时候,有人问,你为什么不去注册专利?她说,她曾经想过,也曾经动摇过,把镭的化学流程保密起来。后来,她想这样不对,科学是属于全人类的。因此,我们在居里实验室比较自由,没有什么保密,没有什么专利。我在一个比较和平、比较开放的环境中生活了四五年,所以我对法国比较喜欢。我回国以后,我们没有地方学,只得向苏联学。当时,我四十几岁,也要学俄文,所里请不到俄文老师,就派两个人先去学。一个是邓稼先,当时三十几岁,还有一个什么人,到清华俄文速成班去学。邓稼先他们学了之后,再教我们。我们这些年纪大的困难大一点,主要靠翻辞典。学得最好的是王淦昌。我们总结经验,认为王淦昌学俄文有个特点,大家叫他"乱学",他学了一个单词之后,马上就用。"Спасибо"(谢谢),"Здравствуйте"(您好),随时脱口而出。更老的是赵老师赵忠尧,他也学,他比我们学得更困难一些。反正两三个月的俄文学习,效果不佳。后来我们翻译了一本书——《同位素应用》,我负责翻译其中几章。翻译书倒是学习俄文的好办法,但只限于文字上,口语还是不行。后来，1955年和1956年我到苏联去了两三趟，口语才渐渐好起来，所以说，口语要好，要学得快，还是要有环境。

1953年业务搞得多一点了，我们有一系列的会，订了个八年学习的计划，要自己做成功反应堆。这个计划是很对的，具体的内容就不说了，应该有这样一个规划。要做反应堆就要有燃料，要有铀，要有重水，要有石墨。从研究工作的角度来说，铀没有问题，从30年代开始，我和铀打了20多年的交道了。重水跟石墨呢？我负责搞重水，石墨由"小郭老"郭挺章同志主要负责。这样，1953年开始，我们就有目的地工作了。何泽慧、戴传曾的研究组开展中子物理研究，急需中子源。那时候到哪里去找中子源？我想到协和医院在抗战前曾经从美国购买了507毫克居里的镭溶液和一台提氡设备，是作医用的。抗战期间，它们被日本人弄坏了。现在我想能用得上，于是我带着几个年轻人，用了几十天时间，把它修好了，制成了氡－铍中子源。①

和毛泽东一起看《将相和》

在1952年到1953年期间，还有一些很有意义的事情给我留下了很深

---

① 杨先生在口述录音中将此事一带而过，据整理者访问杨承宗先生的亲友和同事，有关情况是，抗战前协和医院从美国买了一台含有507毫克镭的提氡设备，这些镭被密闭在一个特殊的玻璃装置里，再牢牢地锁在保险柜中。日军占领协和医院后，把玻璃装置弄坏了，既未修理，也未采取防护措施。结果有一根橡胶管，一头接在损坏了的提氡玻璃装置上，另一头通到楼房的墙上，任放射性物质排放到空气中，楼上住有不知情的病人。杨承宗决定把这套装置修好，这样既可以解决所里急需的中子源，又可以为住院病人消除辐射威胁。在当时没有任何防护装备的情况下，他不让年轻的女助手和同来的工人靠近，亲自动手处理了破损的装置。但因为过近接触强放射源，他的右眼视力严重受损，后来就彻底失明了。

的印象。

1952年底或是1953年初，我记不大清楚了，天还不是太冷。上面通知我到怀仁堂看戏去。30年代我就常去怀仁堂，北平研究院就在怀仁堂西边的几个房子里，我跟人家去过。这次到怀仁堂去看戏，所里去的没有几个人，坐院里的大轿车去。所里通知哪些人去，我说不清楚，可能是要保密吧。

那次看戏，已经过了开演的时候，戏还没有开场。又过了几分钟，响起了掌声，来了一些人，人不多，但是其中有个人，挥手向大家打招呼，和熟人握手，原来就是毛主席。他坐在第4排第1个，是通向戏台的过道的左边，我坐在过道的右边，不过我是坐在第9排。这虽然是戏票上指定的位置，要是我自己挑，我也挑第9排。因为第10排就比较靠后了，再靠前边也不是我们老百姓坐的地方。在法国的时候就是这样，我喜欢坐在前面。法国人把阶梯教室称作"戏台"，我不喜欢坐在第1排，因为太张扬了。那次看戏我就坐在第9排，我还很高兴。我看见毛主席穿一身灰色的中山装，神采奕奕，大家很高兴。我一边看戏一边看毛主席，距离太近了，看得很清楚。

这天演的戏很好，戏名叫《将相和》，我还是第一次看到。京戏我倒是很喜欢，但是没有好好地研究过。这次可以好好欣赏一番了。这次演出，廉颇是由麒麟童扮演的，在上海的时候我只知道麒麟童是麒派的老生，看过戏单才知道麒麟童就是周信芳。蔺相如是马连良扮演的。他们的戏演得非常好，非常精彩。当时怀仁堂很小，不过两三百人吧，不多，看得很清楚，也听得很清楚。

我在怀仁堂看戏的时间不长，大概一个钟头吧。我觉得这台戏很精彩，主要是因为故事很好，另外，有许多成语我们都熟悉，比如"完璧归赵"。这台戏没有"渑池会","渑池会"是在另一个戏里面。之后是"二虎相争",最后是"负荆请罪"。演员非常好,周信芳、马连良两个人的演技都非常好,一看就明白。1952年前后,思想改造正改得头昏脑涨。我政治水平比较低,刚刚从国外回来,好多事情都没经历过,所以思想改造对我来讲,感觉莫名其妙,不晓得怎么办。这个运动伤了好多人的心,听很可靠的人说,我们近代物理所,有的人发言时竟然大哭了。我也不晓得什么道理。看了这个戏以后,我才觉得,思想上面还是应当统一。不论是搞技术的,还是搞政治的,搞组织工作的,都应当团结起来,以大局为重,以国家为重。这是我看了这个戏以后得出的结论。看了戏以后,我心里高兴,以后我对于政治运动不再那样莫名其妙地紧张了。上面讲的,是我这个小人物第一次见过的大场面。

迁址中关村

那时候有个说法,当然是开玩笑的,叫做"万般皆下品,唯有原子高"。但它确实反映了那个时候,全国上上下下都是重视原子能的。因此我们研究所的工作,院里抓得特别紧。1954年初,我们所一部分从东皇城根旧址搬到中关村,当时是一片农田。我们在中关村新建的大楼是中关村第一座科研大楼。因为样子是方方正正的,北大的几个先生就笑我们的楼是"火柴盒子"。这个钢筋水泥浇出来的大楼,现在还在呢。

中关村从1952年的时候开始建设,这50年来的情况,要看看钱三强同志的回忆录,那是最权威的了,因为他都参加了。我们那个时候还在城里,在东皇城根。钱三强等几个领导同志,先要看近代物理所搬到哪里去，也就是去找地方。这地方要靠近北京大学和清华大学，又要有发展余地。这样就找到了中关村。那时候中关村叫"中官村"，当官的官，有两三栋房子，具体的地方就是在白颐路（现在中关村大街）到海淀路要转弯的地方，在现已拆掉了的五金交电公司（东邻现在的电话局）的东北。那时候有一片房子，几户人家，还有一片松柏树和一些石碑。在那些房子沿马路的墙上，画着一米半直径的白石灰圈，有三个字——"中官村"。据说那石灰圆圈是防狼的。

原子能所在这个地方的东北500米左右。我们搬来的时候，四周一点房子也没有。造房子的时候，需要造得结实一点，因为我们有一个直线加速器，需要钢骨水泥建筑。那时候在北京还找不到能造这种钢骨水泥建筑的公司，还是到上海找的，因此成立了北京第二建筑公司，就是现在的

1957年家住中关村时的全家福

"北京市二建"。那批从上海调来的建筑专业人员就落户到北京。那时他们没有地方，就给了他们一个地方，以前在中关村的南边不是有二建的党校吗？就在那个地方，后来拆了。

在我们前面先来的有两个人，一个是办公室主任，叫岳起；一个叫胡翼之，是退伍军人。他们住在新建的大楼里，还带着两支卡宾枪，一是防坏人，二是防狼。

建所时负责和建筑部门联系的，一个是金建中，后来到兰州去了；一个是李格平。我们是1954年四五月搬来的，那时家属都没有来。我们住在四所空房里面，那是四座二层小楼，地面铺的是地板。这里是经济所等四个研究所的房子，因此叫"四所"。我们搬进来的时候，有一套抽真空系统，是做盖革计数管时抽真空用的，由戴传曾负责。抽真空系统是玻璃制的，装在架子上不能拆。怎么办呢？那时科学院只有一辆大轿车，能坐三四十人。那个大概是苏联的车子，震动得很厉害，抽真空系统会被震坏。怎么办？后来大家就想出了一个办法，就是把抽真空系统搬上大轿子车以后，人坐在车上，再用肩膀扛着抽真空系统。也就是说，人坐在车上，机器"坐"在人肩上。那时中关村到原子能所根本没有路，四周都是菜地。孙良方测量过，从中关村到原子能所有500多米，从蓝旗营到原子能所只有400多米。那时从蓝旗营到原子能所不像现在这样弯弯曲曲的，而是一条直路。因此决定，搬抽真空系统的车子开到蓝旗营，再由人扛到原子能所，这样可以少走一些路。抽真空系统没有大的损坏，大家都很高兴。当时年轻人都参加了。中关村的第一个研究所是近代物理所。第二个是地球物理所，所长是赵九章。放射化学小楼建在地球物理所稍微靠后面一点，离原子能所有一定距离。这里有人为因素，这是因为原子能所有人有顾虑，担心我们放射化学实验室有放射性。但是地球物理所不怕，赵九章很欢迎。

这个放化小楼，我参与了它的具体设计。放化小楼中间有楼梯，这个楼梯上面通二楼，下面就是通地下室。地下室有两间，一间漏水，很脏；一间有个"水泥疙瘩"，我们叫它"迷宫"。它埋在地下，是整体浇起来的，很结实，敲也敲不动，炸也炸不掉，有一平方米多一些，不到两平方米大，人可以进去，射线不能出来。放射源就保存在里面，所里曾买了一些镭，用铅罐子保存在这间迷宫里。为什么要建这个东西呢？因为当时是朝鲜战争时期，怕敌人飞机来轰炸。"水泥疙瘩"上边有60厘米厚，周围有1米厚。为什么上面反而比周围薄呢？因为炸弹能直接命中的不多，倒是周围受到弹片和冲击波的威胁比较大。因此，周围就比顶部要厚。"水泥疙瘩"最底下也是水泥，有40到60厘米厚，它的中间还有10厘米直

2000年与王玉琦（左1）、杨绍晋（左2）、徐理阮（左3）、张志尧（右1）、崔浣华（右2）、吕维纯（右3）重聚在新中国第一个放射化学实验楼前

径的铁管子一直插到地下 3 米深，假使敌机来轰炸了，放射源可以通过铁管子放到底下去，铁管子上面还有盖子。我们的东西都放在地下，就安全得多。这在当时是国内唯一能操作放射化学实验的地方，许多专业骨干都是从这里培养的。

1999 年底，原本要拆这个小楼的，就因为听了大家的意见，柴之芳找到了环境保护委员会，对他们说："小楼不要拆了。原子能所要建科技教育馆。这个小楼是杨先生从 1954 年到 1955 年建成的。"但后来这个放射化学实验室还是拆了。

奇怪的"铀235"和质谱仪的试制

大概在 1954 年年初，我们所刚刚搬到中关村。有一次，我们的钱所长拿来一个样品，说是有一个犹太商人向我国兜售浓缩铀的样品，犹太商人说那是浓缩的铀 235，周总理让我们来鉴定。钱所长拿来的时候，我们全所的科研人员都在。当时质谱仪还没有做出来，如果有质谱仪的话，这个工作很好做。在东皇城根的时候，我们就开始让工厂做质谱仪，首先是做磁铁。周中治靠他的两只手把磁铁做出来了，是车工、钳工加手工做出来的。可是磁铁后面还有一大堆的问题，搬到中关村的时候，质谱仪八字还没一撇。因此，想靠它测定铀 235 是不可能的。

怎么办呢？大家分了工，一室就是赵忠尧跟何泽慧，他们用乳胶法做，就是在乳胶片上看铀的轨迹，当时知道了有"铀 235"、"铀 238"、"铀 234"，它们在乳胶片上的轨迹长短是不一样的。三室的看家宝是云雾室，王淦昌他们就用云雾室的办法做。而我们是用放射化学的办法做，是不是还用了其他办法，我就不清楚了。反正我们这三个人都是用自己拿手的方法做。这里还有个要求，要一个礼拜之内做出来，一个礼拜我们什么都没有来得及准备呢，根本做不出来，于是又改成两个礼拜。

领受任务以后怎么办呢？因为没有准备，当时条件又差，困难很多。后来嘛，想了一两天，急中生智，终于想出一个办法了，还是用放射化学的办法，不是从铀235、铀238的直接比例来研究，而是换一个方法，研究铀235和铀238的下一代或下两代生成的子体的比例。也就是说，我们是抓住铀235、铀238的"子孙"的比例来研究。因为铀235和铀238的子体当中有钍234和钍231，它们因为衰变，有不同的比例关系，我们根据它们衰变的比例，就可以测量铀235和铀238的比例。

这个办法，在原则上是靠得住的。后来具体做的有我和朱润生。朱培基是否参加我记不清楚了，但朱润生肯定参加了，而且朱润生把原理弄得很清楚。我们这篇实验结果报告，是在接到周总理交给的样品后两个星期零一天就交卷了。我向钱三强汇报的结论是：给我们送来的样品中确实含有一点铀235的成分，但绝不是像犹太商人所说的那样，是什么浓缩的铀235。千万不要上当。我记得三强对我说："这件事，政治上由我负责，放射化学方面由你负责。"

过了几年之后，到了1955年日内瓦和平利用原子能的国际会议上，好像是巴西（或是南美某国）的一位科学家，发表了一篇文章，讲的就是这个办法。南美国家那篇论文是1955年发表的，而我们早在1954年初就做出来了。我记得，为这篇文章还写了一篇小论文，一个报告，是朱润生写的，好像是一两页纸，很短的。我交给了王淦昌，王淦昌阅后存放在了抽屉里，这个事情朱润生都知道。日内瓦会议上的那篇文章也是朱润生看到后告诉我的。朱润生的工作是比较仔细的。

分析犹太商人铀样品这件事,对我们的影响很大,感到质谱仪太重要了。那时候,外国对中国封锁,不卖给我们,只能是自己做。

质谱仪的一个关键,是一块磁铁,叫做"可移动型电磁铁",这是质谱仪的一块硬骨头,要求比较高。是我设计的,是原子能所工厂的一个普通工人周中治做出来的。周中治本来是中央研究院的一个钳工,他动手能力非常强,技术很好。

研制质谱仪的任务交给了张家琨。张家琨是学物理的,1952年从清华大学分配来的。让他做质谱仪,刚开始时,他也懵头懵脑。我把自己的想法和多年积攒的资料,交给张家琨,帮他组建了一个攻关小组。磁铁已由周中治做好了,张家琨主要是完成了一个电子轰击式的气体离子源,安装了一个微电流直流放大器。他都做成功了。这就是中国第一台质谱仪,是尼尔(Nier)型的,是我们在大量调研的基础上选定的类型。这个项目后来还得过科学院的奖励。

此外,其他人也动手试制仪器设备。威尔逊云雾室由王淦昌的三室来做了。钱三强跟何泽慧他们在巴黎用过云雾室,是约里奥-居里先生指导他们做的,所以很快就成功了。阿尔法计数管我倒是准备了,买了很大的一批云母片,这时候已经用荧光晶体的办法,加了光电倍增管,再把它们结合起来,漂亮多了!贝塔计数管是由李德平他们做的,1953年左右就做出来了,还有外单位参加。

陈毅设宴:紫光阁下岂无人

大概在1955年初,苏联的原子能专家代表团来访问,起因是1955年六七月将要在瑞士的日内瓦召开一个国际原子能大会。当时和原子弹有关系的科学研究成果,都由美国、英国、加拿大把持,是严格保密的,但这些技术总是封闭不住的,于是由联合国组织召开了一个"国际和平利用原子能会议"。开这样名义的大会,美、英、加一定参加,他们是一方;法国要参加,苏联也要参加,苏联那时已经有原子弹了,是1948年试验成功的。他一方面反对美、英、加的核讹诈,另一方面,假使不参加,发言权就完全给了英、美、加或是法国那方面了,所以他不得不参加,表示他的核大国地位。可是在参加以前,他不得不到中国来打个招呼,表示他老大哥的地位和与中国的友谊,通报一下与帝国主义国家坐在一起开会的意义。我们国家是很真诚地接待他们。这些苏联人来到中国有些趾高气扬,我是不习惯他们这种做法的。在这个背景下面,好像是1955年年初,是冬天,我接到国务院秘书长习仲勋的请帖,要我参加苏联代表团的宴会,朱洪元①好像也去了。这次是在北京饭店吃的饭。

以后又有一次宴会,大概是1955年夏天的一个晚上,我记得是陈毅元帅在紫光阁宴请苏联专家。大概只有两桌或是三桌,因为是大场面。这次肯定是有朱洪元一道去的,为什么我记得清楚?因为他在会上发言了。他能干,也会说话,不像我不会说话。当时莫斯科和北京之间形成了一条原子能热线。英美对我们严密封锁,就只能向苏联学,我以为是正确的。但是我们有些人对苏联人卑躬屈膝,我也有意见。不过,没想到这几位苏联专家见到我之后,毕恭毕敬地说:"您是我们老师在巴黎时的学友,我

---

① 朱洪元(1917—1992),出生于江苏宜兴。理论物理学家。中国科学院院士(1980)。1939年毕业于同济工学院机械工程系,1945年留学英国曼彻斯特大学物理系,1948年获博士学位。1950年回国,曾任中科院近代物理研究所研究员,原子能研究所理论研究室主任,杜布纳联合核子研究所高级研究员,中科院高能物理研究所理论物理研究室主任、副所长。曾获国家自然科学二等奖。

们称呼您,要加一个'大'字,您是大专家。"

送走苏联专家后,陈毅元帅留下我们几个作陪的客人在院子里乘凉,陈毅摇着芭蕉扇对大家说:"几天前,周总理接见苏联专家时,有个人对总理说,紫光阁下没有原子能,他笑我无人。今天,我就要在紫光阁下宴请诸位,让他们看看紫光阁下到底有没有原子能。"

陈毅元帅讲话很激动,我们这才明白他宴请苏联专家,为什么要我们出席作陪。他还让我们树立信心,一定要靠自己的力量把原子能事业搞上去。

我是第一次见陈毅同志。陈大元帅,声名赫赫,而一见面就感到很熟悉,很亲切,因为经常在报纸的照片上看见他。我对陈毅印象很深的一个重要原因,是因为他也是留法的。他那时是在格勒诺布尔,学水力发电,那里有几个大水库。阿尔卑斯山麓终年积雪,雪融化后,形成许多瀑布,瀑布下来后形成许多大大小小的湖泊,著名的有莱蒙湖(Lac Leman),瑞士人叫日内瓦湖,是阿尔卑斯山区最大的湖泊,世界闻名,湖水蓝得像蓝宝石一样,非常漂亮。因为阿尔卑斯山西麓的水力资源比较丰富,法国的水力发电很有名,我在法国的时候,法国的电价好像比美国还要便宜,因为是水力发电嘛。我去看过他们的第一个水利发电站,现在还在,小小的。

因为有陈毅元帅的一番话,我们知道国家要大搞原子能了。1957年以后,我陆续收到20多个聘书,所以工作特别忙碌。这些聘书有国务院科学规划委员会主任聂荣臻签署的,有中国科学院院长郭沫若签署的,有杨石先签署的,有马寅初签署的,有科学院研究所签署的,也有中国化学会和中国物理学会签署的。总之,都和发展原子能事业相关。

苏联之行和参与制订"十二年规划"

1955年1月，毛主席讲了要搞原子弹之后，派了钱三强、赵忠尧、刘杰等到苏联去学习。这是1955年上半年的事。

从1956年开始，我也到苏联去了三次，我们原子能所有的同志长期在苏联学习，包括钱三强、彭桓武。1956年春天，在苏联召开一个同位素化学的会议。我、张青莲还有一个大连化物所的人，我们三个人参加，我还是团长。会议开完，忽然间通知我，要我继续留下来，留下来干什么呢？原来是开科学院的会，研究制订"十二年科学发展规划"。

那时候钱公（钱三强）在莫斯科。他是1955年去的，到了1956年，他仍在莫斯科。我们大家见了面都很高兴，我就搬到他们住的新建大旅馆里，是很好的一个大旅馆。有一天下午，人们还在吃"午饭"。苏联人吃午饭的时间可真是长，从中午12点可以吃到下午3点。那次我和钱三强在饭店恰巧碰到了，我们就坐在一起谈谈心。我说："听说你入党了，下这个决心很不容易。"我向他表示祝贺。入党嘛，就要牺牲一部分个人利益，要公而忘私，要放弃许多优越条件，服从国家和工作的需要。他也说，这的确是自己的一个大的进步。

在钱公那里，我认识了二机部刘杰部长，还有其他一些人，大概有四个人吧。刘杰部长主持制订"十二年科学发展规划"中的原子能部分。这个规划中有关原子能发展的部分是保密的，其中放射化学、辐射化学及同位素应用部分是我写的。我提出了自己的建议，拟出了五大题目：第一个是铀化学，第二个是钚化学，第三个是放射化学分析，第四个是辐射化学,第五个是放射同位素的制备及应用。这是1956年年初定的。

那个时候二机部有一个副局长,叫冯麟。冯局长和我交往得深一些,因为他是搞人事的,对专业不大了解。我是搞专业的,给他谈了一些专业上的情况。我认为当时对人才的培养、分配有不合适的地方,所学非所用,造成人才浪费。我提出来之后,冯麟同志对我的意见不仅很重视,并且很虚心地接受了。他把一些相关材料拿给我看。我这才知道,他是到苏联"招兵买马"来的。因为我们要搞原子能,必须要有专业骨干力量,那时候,我们设法要留美的一批人才回来,没有成功。这时,中美大使级会谈正在华沙举行,中国方面的代表是

1956年在莫斯科与居里实验室法国国家科学研究中心主任研究员海辛斯基合影

王炳南,跟美国驻波兰大使谈判,后来才有了钱学森等一大批中国学者回来的盛况,但是1956年春天的时候还没有形成高潮。那个时候,五一节我跟刘杰部长一起出席了红场的阅兵典礼。这是第一次参观红场,看了列宁、斯大林的墓。这时候我才知道,我们当时想要在美国的人才回国,还是要克服许多障碍的,要依靠还在美国的人才,暂时是不可能的,只能依

1957年在莫斯科与留苏学生合影

靠在苏联培养的人才。我们就在苏联"招兵买马",当然也是悄悄地进行,招收那里的中国留学生。刘少奇同志的儿子刘允斌就是这时候招来的,所以我跟刘允斌比较熟悉,在苏联就认识了。另外还有几位高干子弟。可是有一些留学生不肯参加我们的工作,因为我们的工作是保密的,留苏学生知道保密工作是怎么回事,至少比我清楚。这些人说,参加了保密工作,连老婆都不好找。因为老婆要问他是干什么的,他都说不出来。

由于我对于人才的培养和使用比较关心,冯局长借给我两摞55、56级北京大学技术物理系毕业生的登记表,每个学生一张,对开的,写得密密麻麻的,门类多一些。这份名单我参考以后,他没有要,我也没有交还给他,我就放在办公室里面。后来我回到二机部五所时,我舍不得放弃这个人才库,因为其中不但有学放射化学的,还有学原子物理方面的。我后来还把这个人才库的名字对了对号，看看有几个人在五所工作。这个登记表，也就放在五所的办公室了。有几个很有意思的人，我记得清清楚楚的。

我在苏联也参观了一些研究所，有些研究课题，我在法国实验室的时候也有所了解。但是在苏联，我第一次看见了真正的铀金属，第一次看到了几十种含铀金属的矿石，第一次看到了对铀金属进行切削，还有铀的大规模提取，还是很有收获的。

我在苏联学习最长的一次不过两个月。我回国的时候，曾到湖南的衡阳去看了提炼铀的工厂。那个提炼铀的离子交换柱直径是多少？直径2到3米，不是柱，简直像个大桶。我们看到了工人的伟大，真是不可想象。在居里实验室里我是用1厘米直径的离子交换柱，研究了几个族的放射性元素的分离。这可是第一次见到直径2到3米、高7米的交换柱，简直可以在里面游泳。看来，学习苏联是有好处的。

侦测美国核试验造成的核污染

这一时期，我们还做了这样一件事。那是1956年6月下旬的一天，组织上通知我和张积舜第二天一大早去执行一项绝密任务。什么任务呢？当时也没有说。直到第二天，我们卜了汽车才知道，当时美国正在比基尼岛试验氢弹，苏联想了解美国核试验的详细情况，分析研究美国氢弹的核装料以及他们的核聚变引发装置。怎么才能做到这一点呢？他们想通过测量大气放射性微尘中的数据来进行计算、推断。为了这个目的，苏联派遣了一个50人左右的考察团到我国来，因为我们国家距离比基尼岛比较近，他们希望利用在飞机上安装的仪器设备,在我国上空飞行,以便收集美国核试验的放射性烟云灰尘,再把收集到的样品经伊尔库茨克送往莫斯科进行放射化学分析。当时中苏关系很好,加上我们也想了解美国核试验放射性尘埃的影响,就开放北京和沿海的军用机场给苏联人使用。但是为了体现我国的主权,我们也要派人到苏联飞机上面,跟他们一道飞行,这样也可以了解苏联人用了哪些设备,他们是怎么工作的。这个任务,上级就让我带着张积舜来完成。当时苏联用的是改装过的、叫做伊尔14的运输机来执行这个任务。这样,我和张积舜就上了他们的飞机。他们的飞行路线是北京—南京—广州,这是根据当时美国核试验放射性物质的飘散路径决定的。后来,这个任务就由张积舜自己去完成,由他去和苏联人打交道。直到9月份,苏联人完成这项工作回国,也要把仪器设备一起带回去。我们知道这个情况后,就通过中国科学院院长郭沫若给苏联科学院院长涅斯米扬诺夫写信,要求苏联把飞机上的测量仪器和设备留给我们。我们为什么想到这样做呢?一方面,当时中苏关系好,苏联同意帮助我们发展原子能科学。另一方面,因为我在法国居里实验室工作过,我知道西方科学界有一个不成文的约定——"谁用过的仪器可以归谁"。因此,我们提出这样的要求是合情合理的。果然,苏联方面同意了我们的要求。但这时所有仪器都已运回伊尔库茨克了,于是苏联方面又把它们运回北京。这是一批我国当时还没有,而对于研究和测量大气放射性却是非常关键的仪器设备。有了这些仪器设备,在1956年9月,由国家科委武衡主任主持,成立了我国第一个大气放射性测量组。参加领导的除了有我们原子能所的党委书记和地球物理所的所长赵九章以外,还有我本人。担任测量工作的负责人是张积舜。空军大力支援我们,调了一架伊尔12和一架伊尔14飞机给我们使用。我们用这些设备多次测量过苏联和美国的核试验,取得了这些核试验的放射性尘埃的数据。这些工作是很重要的。比如,我们测量到美国在比基尼岛进行核试验时所产生的放射性烟云,随西南季风飘落到北京地区的放射性微尘竟高达每平方公里439毫居里。

新华社还根据这些数据,写成文章登载在9月28日的《人民日报》一版头条上,让全世界了解美国核试验给中国造成的污染。

第三代小居里夫妇来华

我们在1956年的时候,第一个重要的任务就是寻找人才,培养人才。第二就是订计划,具体讲,就是制订向科学进军的"十二年科学发展规划",那时原子能部分没有公布,是绝对保密的。

1956年底,我们在北京召开了一个"纪念世界文化名人"的大会。这个事情的背景是因为,这一年,世界和平理事会发起纪念三位世界文化名人。其一是美国的富兰克林,就是发现云中带电,并且发明了避雷针的那位科学家;再就是皮埃尔·居里和玛丽·居里夫妇,他们被称为"原子时代的开创者"。根据有关单位的要求,我还写了纪念居里夫妇的文章。

开大会的时候,我遇到了约里奥-居里的女儿海伦·朗之万和女婿米歇尔·朗之万,后者是法国物理学家朗之万的孙子。他们这对夫妇是代表老居里夫妇的家属参加这个大会的。在开这个大会之前,他们先在我们原子能所作了报告,是我当的翻译。以后,我们郭沫若院长请他们吃饭,其中还有一位客人是中国人民大学的开创者吴玉章,中国科学院的院长和人民大学的校长是主人,规格不低。那次是在北京饭店吃的饭,他们也请我参加了。因为有我参加,我又懂法语,就义不容辞地当了翻译。因为当翻译,饭就没有吃好。翻译这个工作是个特殊的工作。我这个翻译是负责在技术上翻译的。据说约里奥-居里夫妇本来是要到中国参加这个大会的,可是他们没有来,而是由他们的女儿和女婿来了,不知是什么缘故。这夫妻俩把巴黎最寒冷的时候穿的衣服都带到北京来了,可没有想到北京比巴黎还要冷。幸亏我们给他们夫妻二人各买了一件呢的军大衣。他们后来去了沈阳,至于为什么去沈阳,我就不知道了。在沈阳,因为天气更冷,他们得了重感冒,回到巴黎休息了一个多月才恢复过来。

1989年以后,我到巴黎时去看海伦·朗之万和米歇尔·朗之万。海伦已经是巴黎石油大学的女教授了。当年我在巴黎的时候,她的年纪还小,在中学里念书。她的弟弟叫皮埃尔·约里奥,我还和他打过乒乓球呢。

我和他们回忆起1956年的北京之行。

我问:"当时你们去沈阳干吗?"

他们说:"那里有几个问题要我们去解决。"

我这才知道他们当年去沈阳是去解决什么问题的,但我也不想问他们具体是什么问题。看来,他们除了参加纪念皮埃尔·居里和玛丽·居里的纪念会外,还有别的工作。

放射性同位素应用讲习班

我在原子能所既是放射化学研究室(五室)的主任,又是同位素与射线应用研究室(八室)的主任。当时国家提出了"向科学进军"的口号。中国科学院成立了以吴有训为主任的同位素应用委员会,我是副主任之一，办公室设在原子能所。为了普及原子能科学，我们就想法子编教材、准备实验器材，开设同位素应用得讲习班，我当班主任。那时我手底下人最多了，光是"客人"就有100多，都是从全国各地来参加同位素应用讲习班的，主要是教他们如何用同位素解决实际工作当中的问题。放射性同位素在临床医疗中应用得很多，因此，大医院里面的许多医生都参加了。我们要求参加的人至少要大学毕业，这是基本要求，所以来的都是科主任或副主任，教授或副教授。阜外医院就有几个科主任参加了。我们的放射性同位素应用讲习班，一共办了8期，前后培训了1 000多人。后来，我工作太忙，就由冯锡璋①、张家骅②他们两个去主讲了。同位素应用不保密，可是也不张扬，处于保密和不保密之间吧。

说到人才，有一件事印象很深。1958年，从中央到地方，"大办原子能"的积极性很高，但是人才奇缺。我们办放射化学应用讲习班，也是为了培养人才。从1958年10月到11月，我们有以钱三强同志为首的几个人，何泽慧、戴传曾、谢家麟等，反正人不多，去了一趟江西。去干什么，事先也没有说。差事倒是很好的差事。1934年的时候，我曾经在安庆工作过，对江西的情况了解一些。中国的山山水水，我从书上看到很多，但是大部分没有去过。我们先到南昌，江西省省长邵式平接待了我们。

当时不知道为什么要见邵式平省长，后来才知道，我们在江西有几个铀矿，邵省长帮我们做了许多工作。他对我们很客气，请我们吃饭。这顿

---

① 冯锡璋，江苏昆山人。核化学家。1939年毕业于交通大学化学系。1952年获美国加利福尼亚大学哲学博士学位。长期从事放射化学、核化学基础研究工作。合著有《放射性同位素应用知识》。后任中国科学院高能物理研究所研究员。

② 张家骅（1915—2010），生于福州市。原子核物理学家。1940年毕业于西南联合大学。1952年在美国圣路易城华盛顿大学获博士学位。归国后在中科院近代物理研究所工作，做了大量培训同位素应用人才的工作，领导开展同位素应用技术的研究，并长期致力于钍基核燃料循环的研究。

1956年中国科学院第一次放射性同位素应用讲习班留影。前排左3起：肖伦、杨承宗、钱三强、胡宁、张家骅、冯锡璋

饭非常好，吃了石耳，这是一种菌类，是当地的特产。除了请我们吃饭，还请我们参观南昌的革命遗迹，那时有一些地方还没有开放，有的连路都不通。我记得有八一大道，还有一座大桥，南昌到处是革命遗迹。我们还到了九江的庐山，那时还没有开放。我们到了牯岭路，我在市面上转了转，买了一本小说，名字好像叫《金陵春梦》，是挖苦蒋介石的，讲蒋介石的小名叫"郑三发子"，我是不大相信，不过那时描写蒋介石的书不多。后来这本书不知道叫谁拿走了。

之后，我们又跟着钱公到井冈山去了。我们乘坐了两部新的美国吉普车，那时我们国家自己还不会造嘛。我亲眼看了看里程表，只有两位数。

那时天气很不好,已经是初冬,幸亏是南方,车子好,比较密封。经过南丰,就是出南丰蜜橘的地方,司机劝我们去买南丰蜜橘。听他一介绍,我们有人去买了一蒲包。南丰蜜橘确实是好吃,很甜。后来到了井冈山,井冈山那时连汽车路都没有,幸亏司机本领不错,车况也非常好。去井冈山路上的石头都是花岗岩,很硬。到了井冈山,司机指给我们看,有一辆车的外胎被石子划出了一个大口子,有20多厘米长,有2到3厘米深,幸亏没有划破内胎,没有漏气,否则就麻烦了。参观了井冈山之后,我们是坐火车回到九江,以后又从九江到杭州,再从杭州到南京。

在江西,由邵省长派了一个秘书陪着我们,我们叫他"副官"。邵省长说让我们看看十一厂,后来其实十一厂我们倒没有看到,因为交通很不方便。邵省长给我的印象很深,他身材魁梧,坐在沙发上,占满了整个沙发。我们那时年轻,苗条一些,没怎么看见过"大"人物,觉得他真大!以后我才知道,在地方上当一个"封疆大吏"很不容易。那时江西省的人口很少,据司机说,邵省长曾向毛主席汇报说江西在第二次国内革命战争初期,红军和国民党军斗争时,牺牲了好几百万人,江西省有的村子几乎都没有成年男人了,男人都出去打仗战死了,于是村子就成了"寡妇村"。邵省长讲到这里,毛主席掉眼泪了。革命战争中,可能牺牲最多的就是江西省。我们是听听也长见识,受教育,我们也没有别的本事,只有努力工作,多作点贡献。邵省长对钱三强讲:"你们'猛将如云',能不能支援我们一点?"

我想别的都好办,只是不好轻易放人。当时的场面确实是很令人感动,他们是想大干一场,想大有作为的,而限于条件,我们却无法帮助他们,真有些遗憾。

李虎侯①谈杨承宗培养同位素应用的人才

杨先生在原子能研究所是两个研究室的主任,一个是"放射化学研究室",另一个是"同位素与射线应用研究室"。后者后来也是"中国科学院同位素应用委员会"的办事机构。同位素的应用是很广泛的。理、工、医、农、科研,任何一个部门都可以用同位素进行工作。大家知道最多的是医学上的应用。上海很早就有个镭锭医院,当时的院长是吴桓兴②先生。吴桓兴是杨先生的好朋友,他们在法国又是同事,关系也很不错。据我知道,我们原子能所的碘化钠的晶体都是很小的,因为他和吴桓兴先生是同学又是很好的朋友,我们只用了两块很小的、大概是一英寸的碘化钠晶体,就换来了一块4英寸的碘化钠晶体,这就为我们对伽马射线的测定,解决了一个很大的难题,因为当时在外面根本买不到那样大的晶体。由此可以看出,他和同事也好,朋友也好,学生也好,都是和谐的关系。

同位素应用里头其他还有很多,比如用辐射育种来培养新品种,工业生产过程中的监视器和测量仪等等,都需要同位素放射源。第八研究室开展的工作,可以说五花八门,而且遍及全国。

---

① 李虎侯(1934—),湖南衡山人,先后就读于复旦大学、北京大学。1957年进入中国科学院原子能研究所,从事原子核反应的研究。后在中国科学技术大学、北京师范大学、中国人民解放军防化兵学院任教。著有《实验室考古学》、《热释光断代》文集。
② 吴桓兴(1912—1980),祖籍广东梅县,出生于毛里求斯。肿瘤学家,中国肿瘤学和放射治疗学的先驱者和奠基人之一。主持建立了中国最大的肿瘤医疗、科研、教育机构——中国医学科学院肿瘤研究所和肿瘤医院,并任所长、院长。

当时许多单位一有问题就找到原子能所来，比如说，粮食部就找到原子能所，他们提出能不能用放射性消除粮仓中的害虫。粮食放在仓库中，特别是在南方地区，容易发霉，他们又提出能不能用原子能解决这个问题。他们说，如果你们能帮我们解决粮食贮存的问题，你们的研究经费我们都包了。因为当时每年粮食在粮库中病虫害的损失就是百分之五。粮食部只要拿出这每年百分之五的费用，就足可以给我们当研究费用。

中国当时有一种中药丸在日本很受欢迎，可是有一次被退了货，原因是日本人查出了中国出口的这种中药丸中有大肠杆菌。我们想出来一个办法，就是把生产出来的药丸用钴源照射，照射后的药丸中，大肠杆菌就没有了。又比如，石油油井的测深，用的是一个中子源，这也是同位素应用的一个部分。这些工作的开展，都是直接为国民经济建设提供了技术，解决了生产中的实际问题。这些在国内都是独创的，第一的，特有的。

在八室的工作里头还有一个很重要的事情，就是培养人才，培养干部。这对杨先生来说是一贯的指导思想。他为了普及原子能的知识，和赵忠尧先生、何泽慧先生一起写了一本书《原子能的原理及应用》。这是第一本中国人自己编的介绍原子能的书。

杨先生回国后从培养两个大学生开始，此后，原子能所两个研究室的年轻人都是杨先生招来的学生，这些人在大学的书本上从来没有接触过放射化学，而后来大都成了放射化学领域的骨干和领导。从这以后，为了配合在全国普及同位素应用，杨先生专门在八室搞了一个同位素训练班，配合全民办原子能事业的发展。这个同位素训练班就是把全国各地方各部门的主要技术骨干招来训练两个月。从基本的原子能知识和放射化学的操作技术、同位素的应用原理,到怎么在自己单位里实施应用等等,都在这两个月里面学到手。这个设计也是杨先生提出来的,而且效果很好,一共在全国办了8期,培养出了1000多人,开始两期还比较少,大概几十个人吧,后来每期200多人,当时规模很大,可以说是在全国普遍开花。这为以后我们国家利用放射性同位素储备了大量人才,而且这些人后来都成为本专业应用同位素的骨干和领导。这是一个很大的贡献,为国家开展放射性同位素应用打下了良好的基础。

中国科技大学08系系主任

搞科学研究没有一支队伍是不行的,培养人才是当务之急。所以,我一方面搞科学研究工作,带些新人;另一方面还应邀到清华大学和北京大学兼课,当起了兼职教师,希望在放射化学的领域里迅速培养出一支基础研究队伍。

1956年,我分别收到清华大学和北京大学的聘书,就去给他们上课,那时国家要大搞原子能,可是他们没有放射化学专业教师不行啊。我就去主讲铀化学和放射化学专业课,梅镇岳[①]主讲原子核物理课。每星期去两

---

① 梅镇岳(1915—2009),核物理学家、物理教育家。生于杭州,1939年毕业于清华大学物理系。1939年到1945年在清华大学物理系任教。1945年赴英国伯明翰大学学习,获博士学位。1953年到1960年任中国科学院近代物理所(原子能所)研究员、室主任。1960年到1976年任中国科技大学近代物理系教授、副系主任。1976年退休,并继续培养研究生,从事基本粒子物理研究,并取得了成就。

次。这几批学生是我们国家的第一代放化专业人才,后来大多成为中坚骨干。我现在还保存着当时清华大学系主任何东昌①先生给我的一封感谢信。这一阶段我还被聘为北京大学化学系学术委员会委员。

从1958年3月开始,到这一年的六七月间吧,国家出于发展尖端科学技术的考虑,要建立一支强大的科技干部队伍。那时上边不断有人来召开各种座谈会,讨论的主题就是新中国的科技干部从何而来,是不是需要建立一所大学。我也参加过几次这种座谈会,我当然是双手赞成建立这样的大学。因为从大的方面来说,那是急国家之所急。当时全国有6.5亿人口,专业技术人员不是太多了,而是太少了,占总人口比例少得可怜。另外还有一个问题,就是我们从北大、清华等著名的高等院校招来的毕业生数量满足不了需要。那时,全国都在搞建设,名校也不多,总不能把毕业生都送给中国科学院吧?如果中科院有了自己的大学就等于有了基地,有了选拔人才的主动性,就可以从质量和数量上保证自己的需要,而且学生从读书阶段就开始接受你的思想,一脉相承,在学术上也是有好处的。

对于中国科学院办大学的建议,钱学森是强有力的支持者。化学所的柳大纲,物理所的施汝为等几位先生也很热心。于是,在1958年的8月份,在原子能所召开的一次会上,我听到宣布要成立中国科技大学。当时计划设立12个系。我呢,担任放射化学和辐射化学系的系主任,也就是08系的主任。

宣布成立科技大学时,地球物理研究所所长赵九章正在外地出差,回来后才得知这个消息,他非常积极,经过他的呼吁,大学里又增加了第13

---

① 何东昌,浙江诸暨人,1923年出生。1946年于西南联大航空工程系毕业,1947年加入中国共产党。1950年3月任清华大学党总支书记,1951年2月至1953年9月任清华大学党委书记。1956年任工程物理系系主任,后曾任教育部部长、教委主任。

个系,也就是地球物理系。以"科学技术"冠名大学,这校名也是独一无二的。科大有些系,是其他任何大学没有的,是标新立异的,因为当时的主导思想是要兼有北大、清华的优点,还要有自己的特点。

我们的郭老郭院长亲自担任了中国科技大学的校长。

1958年,科技大学刚成立时,一切从零开始,师资队伍从各个所慢慢调来。更没有现成的教材,只能靠自己动手翻阅资料、写讲义、编教材,备课要花费很多的时间和精力,有时在上班的路上都在紧张地思考。我很喜欢无机化学,当年我念的是美国的无机化学。我在科大上的课先是为全系上无机化学大课,后来又改教放射化学专业课。我在科大上课持续了两年多,直到1961年,由于同时兼职二机部五所的工作实在繁忙,才请吕维纯老师接替了我的放射化学授课任务。

1977年中国科技大学第一次工作会议期间郭沫若接见杨承宗(右后者为武汝扬)

作为系主任,主要职责就是制订教学大纲和教学计划,这个工作也很细致很繁重。因为我参加过中国原子能科学技术发展规划的制订,知道国家在这方面的情况和要求,因此,做起来比较得心应手。我在居里实验室的时候,约里奥-居里夫人在回答参观居里实验室的中国客人提问时就说:"我们的工作处于物理和化学之间,研究的是化学的元素,可是测量的工具需要物理的基础,主要是测量放射线。很难说是物理重要还是化学重要,假使他是一个化学家,他就要学物理;要是一个物理学家,他就必须懂化学。"我一直把这句话牢牢记在心。我仔细研究了北大、复旦、吉大、兰大、南大,包括莫斯科大学的化学方面的教学计划,把设置的各门课程分为:甲型,也就是本专业的;乙型,也就是非本专业的;还有丙型,也就是读一年甚至半年的,根据这些不同情况安排课程。学放射化学和辐射化学的学生并不比学物理专业的学生学的物理知识少。放化、辐化所有的教学大纲、教学计划都由我确定。任课老师也是我从各个研究所认真挑选的。例如冯锡璋、肖伦、刘允斌[①]、张曼维、林念芸、李虎侯、徐理阮、吕维纯等都是那时请去的。他们教学效果特别好,授课深得学生欢迎,连放暑假前必须要做完哪些工作都规定得清清楚楚。我们还组织学术报告,讨论科研问题和教学实验问题。曾经有一段时间,清华和北大都改为六年制了,科大就这个问题也发生了争论,对于这个"六年制",我是不赞成的。

回顾这段历史,还应提一下,我认为搞近代科学研究离不开外语的手

[①] 刘允斌(1924—1967),刘少奇长子。1940年在苏联上中学,并加入中国共产党。1946年,考入莫斯科大学化学系,学习核放射化学专业。1952年,考取莫斯科大学化学系研究生,继续攻读核放射化学专业,后进入莫斯科大学化学研究所担任高级研究员。1957年回国,在原子能研究所工作。1962年担任第三研究室主任,负责新型热核材料的研制工作。1967年11月21日在"文化大革命"中受迫害自杀。

段，要提高外语水平。我在原子能所和五所都开设了法语培训班。用的是美国耶鲁大学的教材，是用英语编写的，这样给年轻人上课，效果还很好。在不影响工作的前提下，他们能很快达到自己阅读外文资料的水平。我在科大同样重视外语学习，开始是学俄语，后来他们改学英语。由于科大领导的重视，科大外语的转型比北大还快。

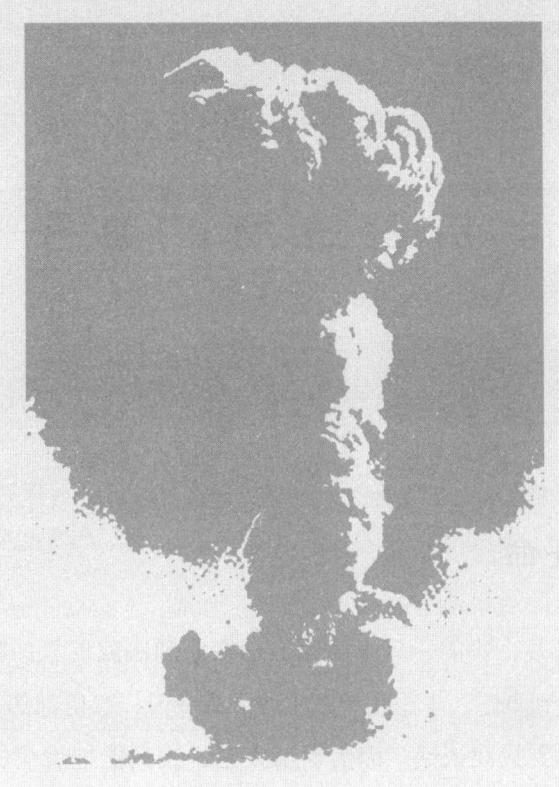

原子弹爆炸成功后,周总理在接见音乐舞蹈史诗《东方红》剧组时,宣布中国原子弹试验成功。那个时候《人民日报》专门发了号外,科技大学的学生从玉泉路走到天安门去抢号外,发狂一样去抢。那天晚上,天安门广场上熙熙攘攘的人群过了一夜。

第6章 在二机部五所的日子

紧急任命

1961年4月,我的一只眼睛因当初在协和医院取氡的时候,受过辐射,这时正感到不适,本想去看医生的。有一天,二机部部长刘杰和副部长钱三强突然要找我谈话,因为事情太紧,我只能把看病的事先放在一边,去部里见他们。原来,他们给了我一项紧急任务,要我到二机部五所去工作。为什么呢?

1955年1月15日,毛主席主持中央书记处扩大会议,听了李四光、钱三强等人关于铀矿资源和核科学技术的情况汇报,研究发展原子能事业的问题。毛主席说:"这件事总是要抓的,现在到时候了,该抓了。"这次会议果断决定中国也要搞原子弹,重点突破国防尖端技术。这一年6月,成立了由陈云、聂荣臻、薄一波组成的中央三人小组,负责领导原子能事业的发展工作。到了1957—1958年的时候,我们的原子能事业有了一个大发展。这个工作靠少数人是做不成的，不花大钱也是做不成的。要花很多的钱，花很多的人力、物力，只有国家统筹才能做这样的事情。我们中国人要做这样一个大事情，没有基础，要好好地补课。我们不像美国，也不像苏联，也不及法国。所以我们要从头起步，但是用不着像他们那样花几十年的工夫。全欧洲，或者说是全世界吧，从居里夫人1898年发现放射性，到1935年约里奥－居里夫妇发现人工放射性，再到20世纪50年代，差不多半个世纪，新的发明、发现已经很多很多。我们可以好好学人家。以前我们想向英美学习，也花了很多工夫，可是英美不让我们学，我们没有办法，要走点近路嘛，还是向苏联学，所以50年代也来了不少苏联专家。

1959年6月，苏联的赫鲁晓夫背信弃义，停止援助中国发展原子弹，特别是1960年以后，撕毁了原来的协议。这些我们以后才知道，当时不知道。我记得那是1960年年底或是1961年年初，反正是冬天，大家都穿得厚厚的，原子能所有一两个月都看不见领导。有一天，要我们在党委书记李毅同志那里开会，因为人很少，开会的地方不是在会议室，而是在办公室，一共还不到十个人。在这个会上，李毅同志轻描淡写地、低调地说明苏联专家撤退了。那个时候毛主席讲：外国有的我们要有，外国没有的我们也要有，发展原子能，我们要依靠自己的力量。因此需要把中国这方面的专家请到二机部来。苏联专家撤退是从1959年国庆开始的。赫鲁晓夫撤退专家的时候，有的苏联专家掉了眼泪，是挥泪离开中国的；也有骂中国的，看不起中国的，说你们多少年也休想搞出原子弹来。我们所里有人告诉我，有的苏联专家是很友好的，还放下了一些东西，但是也有的专家把所有资料都拿走了。

我的想法是：大的事情国家拿主意；不大不小的事，三强他们去搞；

放射化学这方面的具体事情，我尽我的力量。

核电站也好、原子弹也好，要得到原子能，主要是研究核裂变问题，尤其是铀235吸收中子以后，它能够放出多少中子来，这是很关键的一个问题。从我们化学的角度来看，中子起着点火的作用。像中国发明了上千年的黑火药，那里面就是三样，一个是碳，可以燃烧的；一个是氧化剂，就是硝；还有一个就是硫黄，它可以使黑火药容易点火。在原子能方面呢，1945年7月，美国在新墨西哥州试验原子弹成功，它找到了好的"点火药"，就是中子。

中子在20世纪30年代中期就发现了。另外就是发现中子轰击了铀元素后，可以让原来的铀元素分裂成两片或是三片、四片。打成两片就已经是分解了，裂变了。因为用中子轰击别的元素的原子核，能得到一个新的原子核，这个方法用得很多。结果人工放射性同位素发现以后，世界上有几千人都在研究这样的反应，两三年里面有两三千篇文章发表。轰击了铀之后，大家就想，铀的原子系数是92号，再加了中子以后，变成新的元素了，就成了93号，变成了新的元素。那时，大家都想发现新的元素。这大概是30年代末期的事，到了1937—1938年才终于发现，铀被中子轰击了之后，不是变成93号元素，而是两个四十几号元素，其中一个是镧（La），另一个是钡（Ba），这就是裂变的现象。这是一个很大的成就，从此，人类才有可能利用原子能。可见，铀是非常重要的。当时的二机部五所就是搞铀的选冶的。

我是在1961年4月受命到二机部五所工作的，给我的职务是主管业务的副所长。当时任务紧迫，没有来得及发委任书就上任了，一直到1962年的12月，我才拿到了委任书，也就是说，没有委任书，我已经做了一年多的工作。拿到委任书后，我没有多想，就把它收起来了，现在还能找到。

整顿研究所

二机部五所，也就是铀矿选冶研究所，现在叫"中核集团北京化工冶金研究院"。它是专门从铀矿石中选集、提取、冶炼、纯化铀原料的研究所。这个所是1958年建立的。1959年的春天，苏联曾经派出一个专家工作组到这个所指导科研工作。最多时，这个所的苏联专家曾达到15名。直到1960年7月，苏联专家撤走前夕，也还有8名。苏联政府搞突然袭击，一个照会就把在华援助的苏联专家全部撤走，随即又停止供应一切技术设备和资料，使五所几乎陷入瘫痪。这是一个上千人的大所，担负着研制原子弹核原料制备工作的重任。苏联专家组撤退后，造成了科研秩序混乱、人心涣散，加工后的废矿渣、未破碎的矿石和垃圾到处堆放，有人讲，"整个所区像一个破旧的工地"。我去了一段时间以后，深感责任重大，难度也非常大。因为我在五所的工作也是兼职的，应当有个主次，我就去问三强。我说："科技大学和五所的工作都很重要，我应该以哪个为主？"三强当时说，这个他做不了主，需要请示。过了几天之后，他明确回答我说，你的工作以五所为主。好，那我就以五所为主。于是我吃、住都在五所。除了每星期三、六下午到科大上课和处理系里的事务及参加政治学习外，大量的时间和精力都用在五所的工作中，为铀原料的生产和研究忙碌。后来实在忙不过来，科技大学的课只好交给吕维纯了。吕维纯教课，学生是很欢迎的，他讲课像说书一样，能把枯燥的知识讲得非常生动有趣，后来他调到清华大学去了。

在五所，我先抓了队伍的建设，因为当时有人搞极"左"的那一套，科技人员不敢看外文书，钻研业务，担心被扣上"白专"的帽子。我去了之后，首先就要给大家打气。我讲了美国科学家西伯格的故事，他分离出了20微克钚，就用这么一点微量的钚完成了钚的基本化学性质研究，因而能设计出钚工厂，生产出钚弹的核装药。我说："美国人能做到的，我们一定能做到，而且一定能做得更好！"大家都很赞成这个话。

当时五所的技术力量不足。我们又调集了一批技术骨干，比如朱润生等人，就是那时调来的。我们还组成了学术委员会，我担任了学术委员会主任。此外，还调整了各研究室和各重大项目组的领导班子，让有能力、有干劲的人走上领导岗位。

为了解决人才不足的问题，1962年的六七月份，我们还到清华、北大和中国科技大学选拔了十几名大学生，分配到几个研究室。对这些新来的大学生实行了导师制，就是为每一个新分配来的大学生指定一位科研经验丰富的老同志担任导师，结合研究工作进行"传、帮、带"，效果不错。这批年轻的科研人员后来大都成了五所科研工作的骨干。一批必要的规章制度也建立起来了，没有规矩不成方圆嘛。我们还要求科技人员都要进修，听讲座，看外文书和资料，要提高自己，了解国外的情况，闭门造车是不可能赶上世界先进科学水平的。讲座的内容很多，有如何调研文献，还有概率论、优选法、数理统计方法等。五所原来没有图书馆，只有一间阅览室，除了几本外文专业书，其余的都是小说、杂志。我就建议扩大图书馆，派人到北京、天津、上海的相关单位去调书、购书，要求国内外重要的科技刊物尽量补全。不到一年时间，五所就有了一座藏书数十万册、有上百种中外科技期刊的图书馆了。为了方便科技人员查阅图书资料，五所还开通了到北京图书馆的专车，每周一都有，去看书的人很踊跃，现在想起来，那个情景历历在目，有人说"那是五所一道独特的风景线"。

搞科研没有仪器设备不行，为了争取一些外汇，我到二机部跑了好几次，订购了一批先进的设备和仪器，如 X 荧光光谱仪、各种棱镜及光栅光谱仪、极谱仪、液相色谱仪等等。有了人才，又有了设备仪器和文献资料，五所就具备了科研攻关的条件。

其实，原子能所五室在铀的提取、分离、分析等方面已经做过不少工作，有自己独到的技术，也培养了一批骨干。可惜的是，二机部五所在初期却照搬苏联的工艺流程，受制于人嘛，没有办法。苏联专家撤走了，我们可以放手按照自己的想法干了，这样也好，坏事变好事。

"水冶法炼铀"

60 年代初，苏联援建的铀水冶厂还在建设中，苏联专家撤退后，五所做了大量的工作，在这个过程中，对工厂运行中发现的许多问题，开展了深入的研究，找出原因，提出解决办法。我们还验证和改进了水冶厂的工艺流程，加强了有机材料、分析测试和仪器设备等方面的研究，把落后的工艺改成了先进的工艺，还根据不同类型铀矿石的特性，研究成功了清液萃取、加压碱浸和从浸出液中直接制取核纯产品等多种新的工艺流程。我们还合成了一批性能优异的离子交换树脂、萃取剂和絮凝剂，这在全国的同行里还是很有影响的。五所还研制出许多先进的仪器设备，除了装备科研机关外，还装备了厂矿企业。可以说，五所的科研水平当时在全国是名列前茅的。

为了早日得到研制核武器所需的核燃料，二机部决定，在生产厂投产之前，在五所建立试验性生产装置，将各地土法冶炼的重铀酸铵，又叫

"黄饼",进行纯化,制备出质量合格的二氧化铀和四氟化铀。有了它们,才能制成六氟化铀,再制出高纯度的武器级铀235。因此,我们的工作非常重要,关系到第一颗原子弹的成功。

因为当时那些"黄饼"是土法生产的,质量不高,含有许多杂质,要用它们生产出质量合格的二氧化铀和四氟化铀,困难很多。经过系统调研和科学实验,总算确定了工艺流程和设计图纸,研制出了适用的仪器和设备,并且进行性能试验和安装调试,对参加生产的人员进行了严格的培训。

当时的生产条件也很差,厂房就在一大间简陋的平房里,许多设备只能自己动手制造,因为人力不足,还要从衡阳水冶厂及铀矿工程学院等单位抽调。不过大家的热情都很高,整个实验大楼和生产车间的建设都是夜以继日,夜间灯火通明直到零点,我只好让各室的室主任督促大家回去休息。当时仅用了45个昼夜,就建成了二氧化铀的碱法生产厂,以后四氟化铀的碱法生产厂也建成了,并投入了生产。

为了保证质量,核纯产品的分析方法的研究和建立,与生产是同步进行的。那时有大量的微量和超微量分析方法急需解决,技术难度相当大,我国以前还没有进行过这方面的研究。当时二氧化铀检测项目有20多项,四氟化铀也有十几项。其后金属铀又有30多项。以灵敏度的要求来说,这些项目有一部分是百万分之一,甚至是千万分之一,但最终都被大家攻克了。此外,我们还非常重视环境保护,在短短的几年里,便能分析天然放射性同位素及外排废水中的铀、镭、钍,保证了环境不受污染。

当时铀水冶工作主要由陈汉明副所长领导,王金堂副总工程师协助,具体工作由邓佐卿、吴永兴、郑群英负责。铀分析这块由我领导,董灵英具体负责。陈汉明是懂技术的,而且工作深入细致,领导工作做得很好。

我们还推行了科学的管理方法,把工程项目层层分解成若干个中、小项目，每个项目用数种方法平行进行，不但正面做，而且反面做。一些重要的实验数据，我们都安排两种以上的分析方法比对后，才予确认，而且要求采用多种仪器，不能局限于一种仪器。这并不是重复浪费，而是互相补充，互相支持，是对事业负责的精神。有了正确的方针，有了先进的科学管理方法，就把广大科技人员高度的献身精神与高度的科学态度有机地结合起来了。

就这样，五所经过两年多的日夜苦战，纯化处理了150吨重铀酸铵，终于生产出纯度达到要求的足够数量的二氧化铀和四氟化铀，满足了后续科研和生产的需要，得到了中央专委和国防工办的嘉奖。

李虎侯谈杨承宗对"水冶法炼铀"的贡献

开发原子能的物质基础，是要获得能够产生核裂变的核材料，主要是三种核元素，一是铀235，二是钚239，三是铀233。这三种核元素是能够产生裂变的，由于裂变之后能产生大量能量，这就是原子能。要搞原子能就要先得到这三种元素。

从天然的铀矿里可以得到铀235，它是铀的一种同位素。我们说过，铀235在铀里只占千分之七的含量，要把铀里头的千分之七浓缩出来，才能作为裂变材料。美国当年只从刚果的沥青铀矿中运了200桶矿石，就做出一颗原子弹。因为沥青铀矿石中铀的含量高，所以它的提炼就很容易，也很容易得到氟化铀或氧化铀。我国本来就是一个贫铀的国家，铀矿很少，大部分铀矿的品位又很低。低到什么程度呢？低到只有万分之几的含量，要把万分之几的铀提出来，就要把这九千九百九十几的废料都去掉，这是一个很难的过程。

我们要得到一个原子弹所用的铀235，要处理上百万吨的矿石。杨先生提出一个方法，叫做"堆浸法"，就是把铀矿石就地往上面淋酸，再把浸出来的酸收集起来去提取，这样就省去了如溶解、分离、净化等许多本来需要在工厂里干的事。只要在野外用酸去淋那些矿石，再收取那些淋取液就行了。这是个很新的概念，在国外都没有的，是针对我们国家贫铀矿的情况而创新的，实际应用到我们的一些矿藏当中，很有效。有了这个办法以后，我们提取铀的程序简化了，起码就把运费省掉了。花费少了，得到的东西却快了，也多了。铀235的提取，就是用沥取出来的含铀的酸溶液分离、分析、浓缩，成为氧化铀或是制成氟化铀，这些步骤就可以在工厂做了。这些就是"水冶厂"的工作。杨先生的这个贡献是很大的。

我们提取铀，纯化铀，分析铀，这样一些工作，都是按杨先生制定的一些方案来做的。乃至到后来建厂大量生产的时候，"水冶法炼铀"的整个工序，都是在他的领导下进行的。他还翻译过一本关于铀化学研究的书。年轻人翻译的书，也是经过他最后校正出版的。

由于他有扎实的铀化学的基础，懂得怎么样纯化和分析铀当中的杂质。比如在铀产品当中有20多种微量元素的分析和鉴定工作，最后得到纯的二氧化铀或四氟化铀，这中间的分析分离工作，量都是很大的。那个时候的原子能所也好，五所也好，没有现成的设备，每一项铀的分析分离工作，都需要自己来制造设备，甚至自己进行设计。比如当时为了去除铀的杂质，就要有可以实现这种分离的离子交换树脂。这种离子交换树脂的合成和制造工作也是杨先生提出来的。

能够完成国家交给的任务，得到上级领导的嘉奖，当然是很开心的事。不过还有一件事，我也很开心，就是在五所当"月下老人"。那时五所的科技人员中，性别不平衡，女同志太少，男青年找对象困难，加上工作忙，大家都献身原子能事业，许多大龄青年还是单身汉。我就要所里的人事部门在招人时，去江南多招些女孩子来，因为江南的女孩子文化水平高的比较多，长得又漂亮，性格也好，可以改变所内科技人员的性别结构，稳定科技队伍。我这个月老当得还比较成功，五所不少单身科技人员都因此喜结良缘。现在还有人对我说："杨老师，我们能够结婚，还多亏了您做月老呢!"这也是我比较得意的一项"政绩"吧。

说到我担任的职务，还有这样一件滑稽的事情。就是在1966年5月30号，"文化大革命"爆发的前一天，二机部十二局召开了一个会议，要我参加。十二局是我们的顶头上司，几位领导我也认识，但谈不上熟悉。开会的人不多，不到十个人吧。这个会很简单，有局长苏华，还有我们五所的党委书记张华。苏华代表二机部领导宣布，十二局得到二机部的同意，把北京第五研究所跟保定（或是石家庄）的一个什么设计院，合并成立二机部第二研究设计院，分工由十二局来领导，任命杨承宗为二院院长。我事先不知道，毫无准备。当然这个任命，我也没有办法作什么表态，因为我深深知道，二机部的事情都是国家的大事，一旦决定之后，都是无可变更的。二机部行事的风格，总是先做后说，所以对这次任命，我当然只有接受。可是想不到，1966年的6月1号，国家发生了大事情，这一天的《人民日报》发表了社论《横扫一切牛鬼蛇神》，"文化大革命"正式开始了，大家也顾不上我的这个任命了，我也没有讲，人家也没有再提。因此，知道的人很少。张华同志肯定知道，不过他那时也是自顾不暇了。后来想幸亏大家都忘记了，不然，"文化大革命"的汹涌大潮中，很可能因为这个任命再引起什么风浪，惹出什么麻烦，那就不好了。在"文化大革命"中，少些冲击总是好。

周总理说："我拜托你们了！"

在原子能所和五所工作，中间有三年困难时期。到了1960年，的确吃不饱，我家里的人几乎都浮肿，唯一没有浮肿的就是我的小儿子杨家建。小孩子正是长身体的时候，我们那时要么没有牛奶，有牛奶就给他吃，我都不吃。我是没有浮肿，不过也在边缘上。我们那时住在中关村13楼，13楼后边有一个小合作社，可以买一些油盐酱醋和蔬菜等等。我爱人常到那里买东西。也不晓得是哪一家的夫人在那里对我爱人说："杨师母，你怎么瘦到这样的程度？你病了吧？"

我爱人就借了合作社的磅秤一称，轻了30斤。她原来就不到100斤，由此可见一斑。1960年真是困难得很。我看过聂帅的女儿聂力写的一本书《回忆父亲聂荣臻》，书中说那时我们国家很困难，我们国家有志气，但是没有力气。的确是这样的，那时许多科技人员缺乏营养，浮肿，可是他们工作得很好。

到了1961年的国庆，或是1962年的元旦，我记不大清了，我遇到了一件难忘的事，经历了一个大场面。周总理在人民大会堂的宴会厅请客，我也参加了。那里可以摆下500桌，不过那次可没有500桌。宴会厅的舞台有一个长条桌，是主桌。周总理坐在主桌的中间，其他的有陈毅、贺龙、聂荣臻等元帅，以及钱三强、汪德昭等。因为长条桌很长，其他人我看不清楚。下面都是圆桌子，每个圆桌子是10个人。我们这一排，都是搞原子能的，我认识的很多，有邓佐卿、王方定、朱培基，好像还有郑群英。

我在的第一排第一桌，最靠近领导的主桌，桌子上的很多人我都认识。那次宴会吃得很好，虽然是三年困难时期的后期了，供应已经有了比较大的好转，可是也好久没有吃到大肉了。那次宴会上有一大盘东坡肉，上面浇了汁，一块块，看起来非常规整，咬起来非常酥。那五花肉真好，每人一块。我现在想起来还有点馋涎欲滴的。我们那个桌子上有张文裕、赵忠尧、王淦昌，还有二机部的领导刘杰。还有一位女同志，是张文裕的夫人王承书，她不吃肉。我们每人吃了一块，那盘东坡肉还剩下三块，大家都客气，都是不好意思，互相谦让。"你吃，你吃"，其实谁都想吃，也吃得下。后来，服务员来收盘子了，那盘肉一端走，刘杰才"哎呀"了一声，表示非常惋惜。酒我是不喝的，三年困难时期，肚子里都是干干的，酒量也不大。可是那盘东坡肉没吃完，实在是惋惜。

正在宴会进行的中间，钱公钱三强走来了，钱三强跟刘杰讲："我们去给总理敬酒。"向总理敬酒，大家当然都是赞成的，我们说："刘部长带队。"

刘杰指着我说："杨公带队。"

我不肯，说这又不是按年龄排队。在这之前，我们有个机会比了比年龄，"论资排辈"排了排队，比的结果，在搞原子弹的这拨人里，按年龄算我是最大，比钱三强都大了两岁。在我推辞之后，大家沉默了一下子，后来我想想，还是应当我带头向总理敬敬酒。因为是他请我们，我们又是这行里的第一桌，还是我带头去吧。我就站起来说："我们去吧。"

我们的主要顾忌是什么呢，是因为我们不能在这么大的场合下，公开讲我们是搞原子弹的。虽然早在1960年的时候，已经知道了我们要干什么事。这时，苏联专家撤走了，中央定了一个政策，"自力更生为主，争取外援为辅"，大概是毛主席定的。中央决定，苏联专家要走，就让他们走吧，我们自力更生，依靠自己的力量也要搞上去。中央讨论了很长时间，大概一两个月。因为在这以前，原子能所的党委书记李毅传达过。苏联专家撤退了，我们这批人要顶上去。我们也不怕。在这方面，我还清楚记得约里奥－居里先生对我讲过，"你们有自己的科学家嘛"。那时虽然没有经验，但是可以闯闯看。

我走在前面，后面一队人，我走到周总理前面说："我们都是刘杰麾下的老兵，给总理敬酒！"

总理到底聪明，一听就懂了，很长地说了声"哦——"，接着说："喝酒！"

他厉害，酒量大，他的杯子虽然小，可是敬酒的人多，在我们以前就有人敬酒，我们不大参加宴会，不大习惯敬酒，我只是抿了抿，一上嘴觉得辣得很。总理喝了酒，说话了，很郑重地说："我拜托你们了！"

我们也有数了，大家很感动。我自以为我的话说得是很得体的，既表达了我们的意思，又没有违反保密的原则。大家很高兴。我和总理"一塌刮子"（吴地方言，"总共"之意）就碰了这一次杯，周总理亲口说"我拜托你们了"。至今回想起来，亲切话语犹在耳边。

二机部给科大的"合作经费"

我的工作关系在科技大学，从1961年起我又同时兼任了二机部的工作，所以特别紧张。二机部感到长期占用了我的时间和精力，直接影响了我在科大的工作，为了表示歉意，给些补偿吧，曾多次给科大拨款，名为"科技项目合作经费"。1961 或 1962 年曾拨款 25 万，那时的钱很值钱，学校用它盖了一个三层楼的卫生所，只给了 08 系两三间房以示安慰，一间我们给了钱逸泰①，装他的 X 光分析仪；另一间给了冯孝伦。下一年又拨了一笔款，数字还要大些，武汝扬②跟我说，先给大家用吧，以后还会有的，就盖了图书馆。第三次拨款数字很大，指明要盖放化实验室，地点选在游泳池附近。几位教员一起设计了方案，其中还有个小热室可以操作较强的放射性同位素，做很多的工作。核工业部部长审核后批准了这个方案，后来"文化大革命"开始了，就成了泡影。

喜讯与庆功宴

1964 年 10 月 16 号，我们吃过晚饭，大喇叭里面通知，今天晚上到部里面开会，要我们参加。那时经常有这种事情，我就去了。我住在五所，所里所有的交通车都排在广场上。开会的人这么多，我觉得很奇怪。但那个时候习惯了保密，不该问的不问，所以也没有多想。车子一开就开到了二七剧场，二七剧场是剧场又是个电影院。我奇怪，开会就开会，怎么到了电影院里面了。坐下不久，就看电影，电影很精彩。有个电影是讲机关

---

① 钱逸泰（1941—　），江苏无锡人。化学家。中国科学院院士（1997）。1962 年毕业于山东大学化学系。曾在美国布朗大学和普渡大学从事催化和固体化学研究。曾任中国科学技术大学副教授、教授、博士生导师。

② 武汝扬（1912—1997），山西祁县人。1933 年在北京师范大学读书时参加学生运动。1937 年入党并参加革命工作。1949 年任太原市教育局副局长、局长。1956 年 12 月任中国科学院自动化所代所长。1962 年任中国科学技术大学副校长、党委副书记。1977 年 7 月任科大党委书记、副校长。1979 年 3 月调任科学出版社社长。

枪的历史和构造,从单发到连发的历史。还有就是古巴导弹危机的时候,美国要求苏联从古巴开出的船只,要把盖在甲板上的帆布掀开,让美国飞机看,实际上是检查。也不晓得是检查什么东西,我也没有看清楚,反正是赫鲁晓夫向美国屈服了。这些电影一直放,从7点钟开始一直放到半夜,放到人们都打瞌睡了。后来又说是不开会了,往回走,回到五所已经是下半夜了,又累又乏,我就睡觉了。

第二天早晨,大喇叭响了,开始时连什么内容我都没有听清楚,还是别的人告诉我,说是我们的原子弹爆炸成功了。

原子弹爆炸成功后,周总理在接见音乐舞蹈史诗《东方红》剧组时,宣布中国原子弹试验成功。那个时候《人民日报》专门发了号外,科技大学的学生从玉泉路走到天安门去抢号外,发狂一样去抢。那天晚上,天安门广场上熙熙攘攘的人群过了一夜。我一点不知道,我们还在看电影,部里面的安排可能另有意图,可能是担心我们听到这个喜讯过度兴奋吧。确实,那时候许多人都在超负荷工作,过度兴奋很可能会出问题的。

我很高兴,就去找刘杰部长,要向他祝贺成功,去宣泄我的兴奋。他的秘书刘震威告诉我,他到科学院去了,去向协助我们研制原子弹的单位,一个一个去道谢了。

1965年元宵节,罗瑞卿大将请客,他是中国人民解放军总参谋长,还是国防工办的负责人,请客地点在前门外的全聚德,那是全聚德新造的房子。宴席设在楼上,也没安排什么人讲话,罗瑞卿也只简单客气地讲了几句。其实一坐下来,就知道什么事,离原子弹爆炸成功的时间也不长,来的就这么几个人,大家都心照不宣。一共两桌,一桌是二机部的,另一桌都不认识。二机部的人里面有一位是彭桓武,有人就介绍说,"桓"是齐桓公的"桓"。吃的饭倒是很有特色的。前面说周总理请客,人民大会堂宴会厅的菜，没有什么特别的，就是东坡肉有特色。这时候的条件和那时不一样了。我在全聚德是第一次吃到那么好的宴席，叫"全鸭宴"，桌子上的菜全是用鸭子做的。

罗瑞卿大将为什么要请客呢？因为这时二机部已经交差了，试验成功了。另一桌人呢，后来我才知道，请来的是七机部的人。七机部在1964年试验成功了"东风二号"导弹，这是完全由我们自己设计、研制成功的导弹。后来的"两弹结合"，就是"东风二号"加上我们二机部造的原子弹。因此，1965年元宵节罗瑞卿的宴会，很可能是为二机部和七机部庆功的宴会。这次宴会也让我们真正享受到了成功以后的乐趣。第二年就开始"文化大革命"了，大字报里就有指责罗瑞卿请客什么什么的。

"文革"回忆

"文化大革命"开始的时候，我以为既然叫"文化大革命"，那只是文化方面的事，是延安文艺座谈会的继续，跟搞科研的没有什么关系，没有什么可以革命的。二机部根本就没有动起来，后来不知道怎么搞的，401所先动起来了，我们这里还不动。有一次，我亲眼看见刘杰坐了汽车，到我们这里，不知道要见谁，是党委书记还是什么人。后来，五所才动起来。401所把钱三强和何泽慧都当成资产阶级权威批判，因此，吴征铠、汪德熙都被拉进去了。这股风一刮到五所，好，401有个钱三强，五所就要把我揪出来。那个时候我就想，钱三强倒不了，我也倒不了，当然我没有他的本领大。大概在1967年，全所召开批判大会，那时给人扣莫须有罪名的大字报很多，我已经习惯了。因为反右的时候，1958到1959

年的时候,我们所里就有一批大字报。有一天我数了,至少有几十张。那时候针对钱三强的比较少,而对我的,主要是说我不重视安全防护,批判我在协和医院没有防护就去硬干。我那时觉得少量吃一点放射剂量没有关系的。在居里实验室,放射线防护一塌糊涂。我去的时候,居里夫人做镭的实验,有镭就有氡气嘛,就在一个没有外墙的房子里做,放射性都跑到外面去了,这还当成遗迹了。我还认识一些小姑娘,她们专门提钋。来的时候都是漂漂亮亮的,不久就面黄肌瘦了,她们也无所谓的,因为她们就是吃这碗饭的。我承认,我对安全防护强调得是不够的,把做放射化学工作的安全放在重要位置,不是做不到。这样在以后的工作中就注意了。

大概在"文化大革命"闹得最凶的时候吧,反正当时抓了很多人。那是个下午,在五所大食堂里面开全所批判大会,我是被批判的一个。我想,如果不去参加,有人就要来揪你,何必呢?去就去。我去的时候,大会已经开始了。我从群众后面绕到前面去,我自己不习惯带凳子,而食堂里又没有多余的凳子,只好到前面去找。走过了三分之二的路,离主席台还有三分之一的地方,我看见一张长凳上有一个空位子,尹勤尧的夫人齐莱莉坐在那儿,勉强还有一个位子。她看到我来了,就挪一挪。因为齐莱莉长得非常漂亮,是上海人,我开始不好意思,后来我看看没有位子,就只好坐在她那里。因为我离主席台近,台上那些人吵吵嚷嚷听得非常清楚。主持会议的人讲了若干事情之后,不讲了,就大喊:"让资产阶级知识分子杨承宗上台!"

这时,我屁股还没有坐热呢,他们一定要我上去示众。我想,一个呢,我上去,是不是要给我挂牌子,坐"喷气式飞机"呀?第二个呢,我不上去,他们会不会下来拽我呢?后来想想,主席台上都是造反派,让这些人动起手来也麻烦。好,索性硬着头皮上去!人到这个时候,就来了一股犟劲,一方面是看他们拿我怎么办,也是一种反抗的表示。因此,我故意慢吞吞地走上去,到底不是什么高兴的事,因此我走得比较慢。走到主席台左边一个五级的小台阶,我还在慢吞吞地走,下边就有人叫"不要上去"。

开始声音比较小,我已经走了四五级台阶了,台下就喊:"不要上去!"

接下来又有人喊:"下来!"这次不是一两个人喊,而是很多人在喊。

而台上的人还在叫"上来"。

这时候我怎么办呢?我进退两难,没有办法了。这还是经历过的不多的大场面,难得碰到。上面是造反派的"司令",要我"上来"。上来当然是被批斗。下面是群众,又是一个意见,和造反派司令针锋相对,叫我"下来"。

两种相反的意见,我听谁的?我就停住了脚步,做了一个无可奈何的手势,这个手势还是我在罗马学来的呢。有一回我到意大利的罗马去,在一家饭馆吃饭的时候,我要点一道菜,恰巧这道菜没有了,服务员就两手一摊。原来,意大利人非常会用形体表现心态的。没有办法,就两手一摊,手心向外,向前。我就急中生智,学他的办法,两手一摊,这还是第一次用这个手势。这样一来,群众都笑了。这时,台上还在大叫"上来",可是满堂的笑声,已经让这个会开不下去了,我也就不上去了。这个场面对我来讲是一个难忘的大场面。

当然,在"文革"中,我也做了一些现在想想很后悔的事情。"文革"开始的时候,因为在中关村发生了某技校的学生来抄家的事件,我看我家迟早也靠不住,我就把父亲生命结束之前两三年工夫的遗书,还有我家人的来信和国外朋友的来信统统捆起来,拿牛皮纸包起来,送到五所的锅炉房，亲手打开了炉膛门，把它们扔进炉膛，亲眼看到熊熊烈火把它们化作乌黑的纸灰，真是好可惜啊！这是我做的一个蠢事。这是在1968年到1969年的时候。如此之类的事情还有一些，我就不讲了。

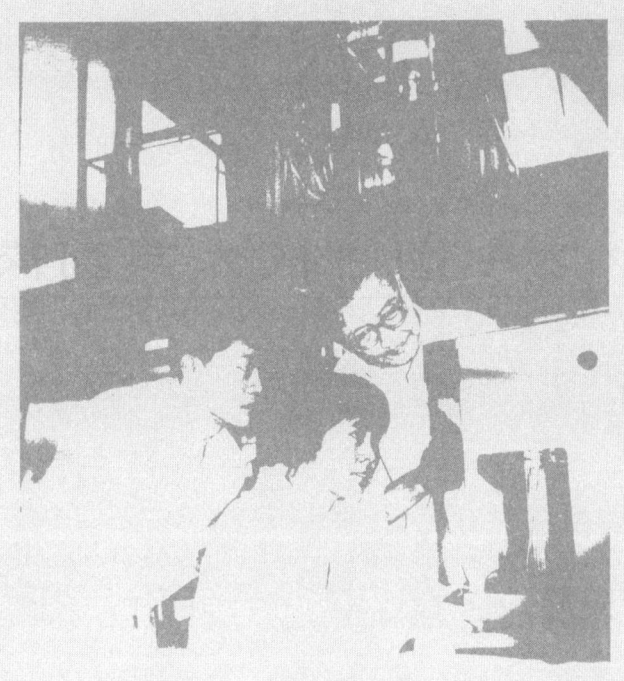

　　1972年，学校开始招收工农兵学员，有了学生，学校马上有了生气。这些学生大多来自工厂、农村和部队，文化水平参差不齐、差别很大。我作为系主任，当时最主要的工作就是如何根据学生们的基础状况，组织有关教员制订合适的教学大纲、编写教材和准备实验，希望同学们能够入门化学、热爱化学，将来立志献身化学。当然我也给他们上普通化学课。

第7章
做了中国科技大学副校长

下迁安徽

"文化大革命"开始时,来势凶猛,五所正常的工作秩序被打乱了,不少职工忙于抓"革命"而忽视抓科研和生产,两派群众组织情绪对立,互相打派仗。我被贴了几百张大、小字报,主要指责我"业务挂帅"、"崇洋媚外",想把五所带向"背离毛泽东思想的科研道路"。造反派责令我到基层去干活并接受批判和监督。由于我平日和大家相处融洽,所以"文革"中始终未遭受皮肉之苦。

有一天,中国科技大学化学系的党支部书记蒋淮渭急匆匆地到中关村找到我爱人说:"刘西尧已经在科大做动员,要求科大马上下迁合肥,说这是战备疏散的需要。杨先生是跟我们一起下迁,还是留在二机部?如果跟科大一起下迁,一路上我们还能帮助照顾一下。如果要留在二机部,我们就把杨先生的户口转到五所。请你们近几天拿个主意。"我爱人认为此事关系重大,连夜赶到中关园一家公用电话亭告诉我这个消息,因为我家使用的电话早被红卫兵造反派拆除了。

1970年与中国科技大学学生合影。第3排右4为杨承宗

自从林彪签发的一号通令下达后,北京不少高校开始陆续下迁,如北京矿业学院、北京石油学院、北京地质学院等。迫于当时的极"左"情绪,无形当中形成一种"早下迁早革命、晚下迁晚革命、不下迁反革命"的气氛。我爱人说,现在北京到处夺权、到处武斗,成天乱哄哄,什么也干不成,跟科大下迁到合肥这样的小地方说不定会清静一点儿。我赞成我爱人的看法,初步决定和科大一起去合肥。于是我找到五所军管会的王主任汇报,王主任说他们做不了主,需要请示。第二天,所军管会又请示了

二机部军管会的另一位王主任,答复说:"杨可以先下去,工作问题以后再说。"

这样,我向科大人事处长表示愿意随同科大下迁,他也表示欢迎。离开五所之前,我将手头一些调试仪器的胶片、实验记录、自己设计加工制作的一些工具和仪器,以及我翻译的十几本法文仪器说明书装订成册,一并交人保管。我还写了一张"辞别信"贴在五所食堂的门上,大概内容有这样几句话:"接部军管会王主任通知,要我先随科大下迁合肥,从此关山远隔、天各一方。我在五所工作九年,和同志们朝夕相处、充满感情,谢谢同志们对我工作的大力支持。我们后会有期。"想不到等食堂开晚饭时,大家看到"辞别信"就炸锅了,有的人还跑到军管会去质问:"为什么要让杨先生离开五所?"

军管会弄得没办法,又派三个人到我家来劝我留下来。我想,我不能违背对科大的承诺,不能出尔反尔,所以没有答应他们的劝说。就这样,我退掉了我在中关村居住了近20年的房子,在蒋淮渭、章吉祥等年轻老师的帮助下,于1970年底和我爱人一起搬到了合肥。听说科大原来准备下迁到安庆去的,后来说安庆在新中国成立前是国民党的省党部所在地,阶级斗争形势复杂,省革委会主任李德生同志就指示把科大留在了合肥。科大迁到了合肥师范学院的旧址,而合肥师范学院迁到了江南芜湖。

当时,学校主事的是军宣队、工宣队。我记得,工宣队是淮南煤矿来的,有个李队长态度很凶,经常训斥知识分子,把我们看成被改造的对象。相反,军宣队的姜政委就比较通情达理,对知识分子讲政策。军宣队、工宣队的主要任务就是组织大家政治学习、开展大批判、清查"五一六"分子。为了造声势,光是用来粘贴大字报的芦苇墙就树立了十几处。由于当时还没开始招工农兵大学生,老师们就没有科研任务和教学任务,除了参加几个半天的政治学习之外，有的职工就过起了逍遥的日子。当时流传着一个顺口溜就是见证："一对小夫妻，两个小把戏（指孩子），三分自留地，四只老母鸡。"

在指导思想上，军宣队、工宣队认定知识分子的世界观是资产阶级的世界观，劳动能使知识分子脱胎换骨，于是科大几个系的师生被分别划分到安徽省的淮南、铜陵、马鞍山、白湖农场等地搞"斗、批、改"和接受劳动教育。年纪轻的师生还组织了野营拉练。我和化学系64级、65级学生一起到马鞍山南山铁矿劳动锻炼。主要工作是将大块矿石用锤子敲成小块。大家很照顾我，即使是抬筐时，他们也往往把轻的一头让给我。值得一提的是，校党委书记刘达也分在我们系一起劳动，不过，在他的"劳动"前边还要加上"监督"二字。"文革"前，由于我的主要时间和精力都放在二机部五所，所以和刘达接触并不多。只知道刘达非常精明能干，早年从事抗日救亡工作，参加过"一二·九"运动。1946年，他就担任哈尔滨市的第一任市长，1948年创办东北农学院并任院长，后来还担任过黑龙江大学校长，是一名老资格的教育家、老革命。"文革"开始后，刘达靠边站了，造反派提出"不能让刘达溜达"，所以就弄下去劳动。这样，我和刘达同志能有机会朝夕相处，大家互相了解，感情比较深。闲谈中我才知道，刘达的夫人汪琼原来在二机部主管人事，故而刘达知道我的底细比我知道他的要多得多。有一天晚上，我从宿舍出来，看见刘达拿着一个大蒲扇坐在外边乘凉，正和几个学生聊天。他看见我就招呼说："来，来，你这科大资产阶级学术权威，过来和科大最大的走资派坐在同一条板凳上！"说完，就把他坐的长板凳给我挪出个地儿。大家哈哈大笑。

"文革"中，由64、65级的学生监督刘达，"文革"中有很多恩恩怨怨。刘达恢复工作后，深感学生知识的欠缺，很是可惜，提出了一个建立

"回炉班"的动议,将64、65级的学生召回学校继续学习业务知识,这批人学成后,大部分人留校作为师资。

回到合肥后,我还和师生们一起用平板车去合肥砖瓦厂拉砖,上、下午各拉一趟。路上要经过好几个陡坡,四五个人负责一个板车,年纪轻的在前边使劲拉,我则在后面用力推。一趟下来,汗流浃背,那是真累。但是,最多的时间还是和刘达一起到安徽大学西门外的一个同位素仓库参加轮流值班。那里边存放了一些放射性物质和标准源,为安全起见,学校让放射化学教研室的老师在那里24小时值班,我和刘达在那里一住就是好几天。刘达同志谈古论今、襟怀坦荡,经常讲笑话,和大家切磋厨艺,高兴时还要露两手,亲自做几个拿手菜供大家分享,其乐融融。由此,我们大家也对刘达有了更深刻的了解。刘达同志恢复工作后,领到了停发几年的工资。他把补发的上万元工资一股脑上交了党费,再次昭示了刘达同志的光明磊落。后来,由于工作需要,他受命赴任清华大学校长兼党委书记,各项事务尽管繁忙,我们之间也常有书信来往。

科大下迁,大大伤了元气,大批教学骨干流失,大量仪器设备损毁,更重要的是,科大离开北京就意味着失去了"所、系结合"的办学优势。这也是下迁以后很长时间,科大教职工仍然"军心不稳、人心思京"的一个重要原因。

科大搬到合肥后,按安徽省的决定,合肥师范学院的校址给了我们。合肥师范学院是个文科院校,都是文、史、哲和艺术类的系科,根本没有实验室。整体面积太小,而科大搬去的东西太多,放不下,所以都堆放在临时搭建的棚子里,秩序也比较混乱。这其间曾发生了好几件事。一是教学楼前的大棚突然失火,里面堆放的化学实验桌、物理实验桌被烧掉不少。那都是至少5厘米厚的东北红松制造的,付之一炬,实在太可惜了。

二是一个大约 1 吨重的压缩氯气罐被扔在马路边的草地上任凭风吹、日晒、雨淋，随时有爆炸的可能。我建议学校赶快送给合肥自来水厂，让他们消毒用掉，也给科大消除一个隐患。三是图书馆一楼大厅不知怎么搞的，发生了剧烈爆炸，厚厚的水泥墙被炸出直径一两米的大窟窿，钢筋都炸断了。所以学校中流传说，首先是化学系安定了，科大就安定了。刘达同志恢复工作后，立即着手建造化学楼，这是科大下迁合肥后建造的第一个实验楼，集中了化学、地学、化学物理、应用材料等系的大批实验设备和贵重仪器，包括质谱仪、光谱仪、钴源、X光机、电子显微镜、光谱分析仪等。我的工作是组织人员负责对化学楼工程的验收和协调各系实验室的布局，在资源紧缺的情况下，尽可能做到资源共享。

科大刚刚下迁合肥时，本地人并不大欢迎我们，一是认为科大人花钱太冲，抬高了物价，给当地增加了负担。二是认为省、市领导对科大总是另眼相看，给科大照顾太多，尤其买任何东西都需要凭票、凭证供应的物品短缺年代，上边给科大的任何优惠都会在老百姓中迅速传开，称我们为"科老大"，说是"'科老大'惹不起"。为此，我们也用自己的知识，尽力做了一些稳定人心的工作。例如：当时合肥老百姓饮用的自来水都带有红色的渣，经过化学系老师多次做实验，把原来的氢氧化铁沉淀剂换成了明矾，调整了pH，水立刻清澈了，从此合肥百姓饮上了干净水。

1972 年，学校开始招收工农兵学员，有了学生，学校马上有了生气。这些学生大多来自工厂、农村和部队，文化水平参差不齐、差别很大。我作为系主任，当时最主要的工作就是如何根据学生们的基础状况，组织有关教员制订合适的教学大纲、编写教材和准备实验，希望同学们能够入门化学、热爱化学，将来立志献身化学。当然我也给他们上普通化学课。

中国科大再创业

"四人帮"倒台后,百业待兴。我们从许多资料中看到了中国在高科技领域与发达国家的差距,各单位都摩拳擦掌,想搞大项目。比如高能所要搞大的加速器;清华大学搞取暖用的小反应堆,用以代替煤。我就想到科大应该而且有可能建一个同步辐射加速器,我们放化专业只用其中的直线加速器部分就可以生产同位素,可以做一些短寿命的同位素用在医疗上。这些短寿命的同位素足以供应安徽周边的几个省市,既可以提高医疗水平,又可以扩大科大的影响。加速器的另一部分可由四系的加速器专业使用。因此,1977年在全国自然科学学科规划会议期间,我提出了在科大建同步辐射加速器的建议及设想。

四系加速器专业的金玉民老师听说了此事,很感兴趣,专门来找我讨论了几次。他告诉我,全校共有33个专业,有6个专业可以直接参加工作。建成以后,至少有十几个相关专业可以利用加速器开展研究。我想科大有了加速器这样的大型设施,就可以将现有的教学、科研人员的积极性调动起来,整合半数以上的专业力量,全校就搞活了,这多好啊。后来,这个动议得到校领导上下多方面认可。1978年科大对此申请立项成功,并专门成立了加速器项目筹备组。现在,位于学校西区的电子同步辐射加速器实验室已经成为国家级重点实验室。

开展辐射化学教学和科学研究是离不开放射性钴源的,当时考虑到学校经费并不充足,我就向安徽省的有关单位提出借用放射性钴源的要求,想不到不少单位都说可以免费奉送。其实这些单位是把"钴源"看成了累

1979年在实验室指导学生做实验

赘,不但效益不高,还担惊受怕。因为在"大跃进"年代,就发生过有人将用作"辐射育种"的钴源偷回家,造成人员死亡的事件,现在正好借机送"瘟神"出门。我则求之不得,只可惜这些"钴源"剂量都太小,满足不了科大辐射化学研究应用之需。我只好向科大领导提出从国外购买"大钴源"、建立"钴源"实验室的申请,结果很快就得到批准。后来,我们从英国进口了一个6万居里的钴源,是放在井下的那种。为了安全,"钴源"实验室的设计是十分严格的,其设计方案是经过反复论证的。在安装操作上,我特别举荐了辐化教研室主任章吉祥教授和陈文明老师,他们做了充分的准备。想当年,将"大钴源"从合肥火车站运往科技大学的途中,一路上交通管制,前边是几辆警车开道,后面是几辆警车保驾,省公安厅、市公安局的领导随行指挥,一路上浩浩荡荡,引来许多行人驻足观看。如今,这个"钴源"实验室已经建成并服务快30年了,它为中国的放射化学事业培养了大批人才,也为科技大学创造了相当可观的经济效益。

全国恢复了高考招生制度,科大迎来了一批又一批精英人才,教学和科研都得以重现以往的生机。1978年11月我被任命为科大副校长。1979年4月在北京召开中国化学会,我被推举为中国化学会理事和核化学与放射化学专业委员会首任主任,吴征铠先生、汪德熙先生为副主任。同年11月我兼任中国计量学会电离辐射计量委员会主任委员。1980年被推选为安徽省第三届科协主席。后来,还先后带过二十几位博士生,主持过多次学术会议,经我手推荐和介绍出国深造的教员和学生不下百人,学成后,他们大都成为科大发展的骨干和中坚力量。这一段我是相当忙的。

1979年主持中国科大校长办公会议。右2起:
包忠谋、杨承宗、李宓、任知恕、项志遴

胡耀邦同志 1975 年主持中国科学院工作时，曾有"五子登科"之说，目的无非是让科研人员安心工作，这是深得人心的举措。我想，对于已经下迁到合肥的科大教职工来说，户口是除了"五子登科"以外的又一件大事，户口解决了，教职工就能安心留在合肥工作。在全国人大开会期间，我特地找到安徽省委副书记顾卓新同志向他谈及此事，希望能将科大下迁的教职工保留北京市户口，以解除他们的后顾之忧。顾卓新书记很支持此事，他建议我找北京市委第一书记段君毅同志。于是我就专门去拜访了段君毅，并递交了申述理由的报告。不久，科大下迁教工保留北京市户口的文件批下来了。我想，我提交的那个报告可能起了一定作用。后来，科大又在院内建造了四栋宿舍楼，夫妻双方都是讲师的就能分得一套。这个政策很得人心，一度持观望态度、想调离合肥到别的城市工作的部分教职工也都留下来了。

碳酸钡镭标准源的最终归属

我回国时，伊莲娜·居里曾经赠送 10 克碳酸钡镭标准源，它们后来也有一番有趣的经历。我的回国路程可以说是一路顺风，到了北京以后，我就把那些碳酸钡镭拿了出来，要交给钱三强，三强说："这个东西你保管吧。"

于是这个东西就由我保管了，一直没有用。直到我调到了五所，大概是 1962 年或是 1963 年，二机部三所（属于第三局）的一个同志来看我。他们找铀矿，需要标准的镭源，可是到哪里找镭源呢？本来是想买苏联的，他们所原来有苏联专家，苏联专家在的时候还好一点，可那时苏联专家已经撤回去了,两国关系闹僵了,去苏联买就很困难了。他大概听人讲过我有这个东西,就到我这里来讨。可是我舍不得给他,于是就细细地问他:"你这个标准源怎么会没有了呢?"经他详细一说,我才明白。原来,他们在苏联买了1克的镭标准源,分成了1 000份,每份1毫克,正好分到1 000个勘探小组去,用来进行现场比对。现在已经用光了。

我说:"这东西怎么会用光了呢?"

他说:"地质队哪有什么好事情,他们条件很差,摔了,弄破了,丢失了,各种情况都会发生。"

听他这么一说,我更心疼了。我就问他:"谁让你来的?"

他说:"是刘部长。"

我又问:"哪一位刘部长?"

他说是刘伟,管地质的副部长,直接管他们三局的,指定他来找我。我不给他们呢,不好意思;给他们呢,真的是心疼。我那个时候年轻,比现在要聪明一点,我就跟他说:"如果有一块矿石,没有经过比对,没有经过分析,你能不能知道这是一块沥青铀矿?"

他说:"能啊。"

我说:"那好啊!"沥青铀矿是最古老的铀矿,因此,其中的铀和镭一定达到了平衡。因为铀的半衰期是45亿年,我们知道地球的年龄就是从铀的半衰期推测出来的。而镭的半衰期是1 600年,半衰期越长,它存在的数目越大;半衰期越短,它存在的量越少。一块铀矿石中,只要铀与镭的存在的比例稳定了,平衡了,有多少铀就有多少镭。它们跟半衰期是成比例的,所以很容易计算。只要分析有多少铀,除一除半衰期,就知道镭的数量了。因此,我对他说:"你只要断定这个石头确实是沥青铀矿,再分析里面含铀的数量,就可以算出里面的镭的数量,甚至于不必经过分离,就能计算出来。当然分离也可以,多一个认识的方法。你可以照这个办法回去试试看。"

他想通了,就回去做试验。二机部里面的两个所,一个三所,一个五所,他们分析铀的本领大得很,准得很,他们每个小组都是经过上千次的比对。

回去后,他虽然没有把试验成功的消息告诉我,但我知道问题解决了。以后地质学上面需要镭的标准源,就可以用这个办法解决。这样子就解决了他的问题,也保住了我的标准源。大家都很高兴。

这瓶标准镭源一直放在原子能所的一个仓库里面,后来中国科大成立了以后,设了一个放射化学和辐射实验系,这是一个教学单位。我有许多矿石标本,包括从居里实验室里拿来的,那些矿石样品就放在走廊里面,钥匙就在秘书手里拿着,我需要就找秘书要,要多少拿多少。我从居里实验室带回了一块标准矿石,没想到以后教学上有了很大用处。这块石头就从原子能所搬到了中国科技大学,科技大学搬家了,那块矿石包括那瓶标准镭源,都搬到合肥去了。

这瓶镭标准源,我总是另眼相看,因为它放在玻璃瓶里面。其他都是石头嘛,用棉花和纸包包就行了,那时候塑料袋还很少,很宝贵呢。玻璃瓶上贴有标签,注明了每一克里含多少碳酸钡镭的标准源,一共有多少克。玻璃瓶还用棉花和纸认真地装好。再用桑皮纸,那是当时最结实的纸,把瓶口封好,再用蜡线把它捆好。然后再用棉花包好,最后用铅皮包起来,放进一个比较大的木盒子里面,是两层的,很结实,这样到了合肥。可是到了合肥没有地方放啊,只好放在我的办公室里,那时比较困难,是一个用学生宿舍充当的临时办公室,叫化学系主任办公室。那里面有几张桌子,化学系的教学秘书李海波坐我的背后,我就把它放在我的桌子靠墙的那边的最底下的抽屉里面，因为放射性不是很强的。

这样一下子几年过去了，到了 1978 年前后，邓小平在全国科学大会上讲，知识分子是工人阶级的一部分。我参加了大会，亲耳听见的。1978 年前后我们在成都开了一次科协的大会。成都有一个像人民大会堂一样的建筑，比人大会堂小。几个一级学会，物理学会呀，化学学会呀，也重新开始活动了。新成立了中国核学会，放射化学学会是其中的一个专业分会。我们参加了化学学会里面的放射化学专业委员会。在这个会上，有一次我们专业委员会开会，开得很晚。可是计量学会比我们还晚，我们散会了，柳大纲他们还在开。我就走过去，坐下听他们开会，那时我还不知道计量学会是干什么的。后来会议结束了，计量学会的理事长鞠抗捷（一个很怪的名字，大概是和抗战胜利有关系的），以前我们见过，但不太熟悉。他作总结，讲到他们做了多少事，有什么成绩，还有什么不足之处，还讲到他们还差一些技术标准，缺乏技术标准的放射源，缺乏标准气体。我听了也很奇怪，他们也研究放射性？等他们会开完了，人还没有散，我就找到他们说，你们不是缺乏气体放射标准放射源吗？我这里有。就在大会结束之前，鞠抗捷同志就找到我，详细谈了这件事。我说，你要气体的，我只有碳酸钡镭的标准源，可以把它溶解在盐酸里，化成气体，把盐酸过滤掉，再去掉水蒸气，就是氡了。我说比氡源还好，他很高兴。

不久，我回到了合肥，校办有人来告诉我，计量院的院长、党委书记来找我。一见面，鞠抗捷还带来一面锦旗，对这件事很郑重。我说，那就把标准源给你们吧。可是到办公室一查，碳酸钡镭标准源没有了。我脑子里一阵紧张，不知到哪里去了。我只好跟他讲，现在一时找不到，等我找到了再给你们吧。他们就只好回去了。

后来，这些碳酸钡镭标准源终于找到了，原来是办公室找人把它埋在

1979年将居里夫人亲手制作的碳酸钡镭标准源（木箱内）赠送给中国计量科学院

医务室前面的一个地底下了。幸亏埋得不深，不过南方潮湿，木盒子已经烂了，玻璃瓶还很好的，可是包装的纸、棉花都烂了，标签也模糊不清了。当时，我们的玻璃还很糙，外国的玻璃瓶子很细，里面的东西不容易跑出来，外面的东西也不容易跑进去。这么多年没有动，碳酸钡镭固体粉末接触玻璃的地方已经变颜色了，变成了隐隐发紫的颜色。这是玻璃经受不住镭的辐射造成的。这是很特殊的情况。这种玻璃可能是德国常用的一种软玻璃，叫"莫克希尼亚"，原来出产于捷克的波希米亚，这种玻璃经不起镭的打击，很容易紫，紫了就发黑了，可以肯定这个镭还没有变，没有受到玷污。可是瓶子上的标签我都看不清楚了。幸好我以前记过这个数据，于是就翻开我的日记本，把标签上的数据，也就是每克碳酸钡镭里面含镭多少，重新写好，放了上去。我就重新再把它放在一个盒子里面，赶到北京交给了鞠院长，计量院的保管条件肯定比我的保管好。鞠抗捷代表单位很郑重地接受了，还照了一些照片。当初我向居里实验室要这些碳酸钡镭的时候一点不紧张。这后边的事情倒是很紧张，我生怕把这些碳酸钡镭丢掉了不好交代。

重视外语教学

我担任科大副校长期间，除了分管学校的科研工作和实验室建设，还分管了外语教学，并兼任了外语教研室主任。由于"文革"造成的混乱，当时外语教研室人心不稳，思想抵触。我一上任就突出抓外语教学的拨乱反正。那时学校外语教研室思想比较混乱，主要是大小语种之争，我坚持我的主张：第一，还是要学英语；第二，在掌握英语的基础上，再学其他国家的语言文字。我主张既要向现代科学技术发达的国家学习，还要向现代科学技术发源地国家学习。我在外语教研室讲了我的主张，这个争论就平息下来了。后来科技大学的外语教研室改成了"外语系"。我们科技大学英语的四、六级考试表现很好，有几次得到了全国第一，外语的通过率和平均分都是第一。有一次，我问外语教研室的主任我们学校英语的教学情况，他说，已经连续四年了，科技大学的四、六级考试都是第一的。他跟我"吹牛"说："不是第一，我们是不要拿的！"

我们搞科学的、搞新技术的都需要学一些外语，尤其是改革开放以来，更需要学习外语。如果不懂外语，就不了解外面的世界。打开门一看，都是白茫茫一片，或者只是看西洋景，那就没有意思了。我们要懂人家的语言文字，首先是文字，通过文字，就可以知道人家的历史、现状等。你做的东西，外国是不是已经有了。人家已经有的东西，你再费了很多力气，把人家的老古董当做你自己的发明创造，那就是费力不讨好了。就是你自己发明的东西，拿到世界上和外国比比也是有好处的。大的东西，比如说原子弹，人家这样说那样说，但真正的秘密不告诉你，那就只能自己做。这也是没有办法的事，人家就是靠这点秘密吓唬人。我们不要被它所吓倒，要掌握这些秘密，可以从文献中找资料，发现一些蛛丝马迹，不必从头做起。如果没有相当的外文水平，看到了文献也看不明白，不能从中受到启发。我赞成我们首先还是学习英语，二战后，讲英语的还是多数。二战前，非洲一些法属殖民地国家讲的是法语，二战后也改成讲英语了。比如科特迪瓦（当时称为象牙海岸）等国家，许多人都讲英语。在国际交往中，讲得最多的还是英语。要是研究科学发源地国家的语言，还有法语、德语、俄语。这都是大语种。俄罗斯有自己的发明创造，但不少是从外国学的。过去，在俄国的宫廷和"上流社会"中，都是讲法语的。他们认为法语是高贵的。过去我们是一边倒，全部学俄语，这当然不好。现在主要是学英语，但这只是第一步，还有第二步，从科学和技术讲，法语和德语都是蛮重要的。应当在掌握英语的基础上，再学习第二外语，学法语或德语等。现在可以在学英语的基础上学习第二外语，还是很好的办法。形象地说，从伦敦到北京一万公里，从巴黎到伦敦还不到一千公里，所以我们从北京出发到巴黎比较远，从伦敦到巴黎就比较近。这就像学习语言文字，直接学法语比较困难，但如果掌握了英语再学法语就比较容易，就像从伦敦到巴黎一样，只有几百公里，从伦敦到德国也很近，可以少绕很大的圈子。所以我主张以英语为基础，再学第二外语。不知人们赞成不赞成。

我有一个例子。我们科技大学有一位教师,"文化大革命"后期,他一个人在念外语,学的是中国邻近的一个国家的语言。我问他,你为什么要学这个国家的语言?他说,好学。我就告诉他,你现在觉得好学,以后会吃亏的,因为这个国家在不久之前,也是一个发展中国家。它的科学技术是没有传统的,它的科学技术是"二手货",学它干吗呢?要学就学先进的。他偷偷地改了,没有告诉我。我们这位年轻教师因为原来英语基础就不错,因此学得很快,很好。后来美国邀请我们一批人去做访问学者,他因为英语好,很快就得到了这个机会。回来后,他见到我就感谢我。我说:"为什么要感谢我呢?"他说:"你给我拨正了学习外语的方向。"他后来跟美国方面打交道就多了。这是一个比较好的例子。

　　说到创办合肥联合大学有什么意义,可以说,合肥联大从创办第一天就走了一条与众不同的路,我们后来总结成十六字办学方针,也就是"联办公助、收费走读、不包分配、择优录用"。

第8章 创办合肥联合大学

一次发言 一份建议

创办合肥联合大学是我在工作岗位上，为发展教育所做的最后一件大事，也是我非常满意的一件作品。我为什么要在70岁提议创办合肥联合大学呢？记得是1978年的某一天，我到省立医院去看医生，车子在途经庐江路的时候，老远就看见沿人行道一侧，有不少年轻人围在一起打克朗棋，每一桌四个人打，旁边还有十来个人看热闹。一字排开有十来桌，这样算来，至少有100多青少年扎堆在一起玩耍。我问司机，这些孩子在干什么呀？司机回答说，他们没考上大学，又没工作干，无事闲逛呗。我听了既震惊，又感到忧心忡忡。那一幕印象之深刻，至今挥之不去。

1979年的9月，省高教局召开教育改革会议，地点在合肥火车站附近的交通饭店九楼。各高校的头头脑脑都来了，我记得，我和尹鸿钧、丁世友、金福庆等参加了会议。会议由高教局局长陈韧主持。说老实话，我对会场上的官话、套话很不感兴趣，一上午没发言。中午饭后，每个学校分得一个房间临时休息，因为我年岁大，他们把屋内唯一的床位让给我休息，他们则和其他高校的老师一起小声聊天，其实我也睡不着。我听见有人问一个老师："你女儿考上了吗？"那个老师回答："咳！别提了，就差0.2分没考上。"我听后也很诧异，起身参加他们的对话，原来那个老师的女儿考试分数的尾数为0.3分，如果再多0.2分就变成0.5分，就可以四舍五入进一分，而恰恰是这0.2分使他的女儿失去了上学的机会。我当了多年的教师，改了不知多少卷子，同一个老师改同一份卷子，上午头脑清醒时和下午思想疲惫时给出的分数都会有很大差别，哪能精确到零点几分！而同一份考卷由两位老师分别评阅，分数相差5%并不稀奇。如果只零点几分就毁掉一个年轻人的前程，这太可惜了。

会议下午接着开，本来有拟定好的议程，可是我举手要求发言，他们拿我也没办法。我说，教育改革不能纸上谈兵，应该落在实处。各个大学能否挖掘潜力，在每个教学班内再加进五至十个高考落榜青年旁听，比如说，在讲台两侧安排几张桌子，凭我在科大多年的教书经验，我认为完全可以做到。困难大的可能是做实验，这可以通过安排不同的时段来调节。当然，对落榜生的分数线要有一个要求。这些学生要有走读条件，还要交些钱，毕业了不包分配，将来凭真本事找工作。学生们花了自己的钱，又没有铁饭碗，是绝路逢生、逆境求学，所以一定会非常珍惜得来不易的学习机会。反过来，老师工作量大了，也可以用学生交上来的钱分配给老师，多劳多得也应该嘛！我发言时间不长，特别强调了"自费"、"走读"、"不包"。我一边发言，与会者就开始交头接耳，没想到发言刚一结束，全场掌声雷动。我的发言打乱了原定的会议程序，大家你一言、我一语。发言的中心转移到怎样创造条件为高考落榜生找出路上来了。这个话题直到散会后乘电梯时大家还谈兴不减。

没想到，言者无心，听者有意。没过多久，高教局局长陈韧和副局长詹卓找到我，说会议的情况已向有关领导做了汇报，他们很重视，希望我能拿出一个可行性方案来。对于怎么办自费走读大学我还真是有些想法，现在倒是个进言的好时机。后来我起草了《关于创办自费走读大学的几点建议》，交科大党委讨论修改后，由科大报到省里。最后，省里经过认真调研，召开省长办公会议批准创办"合肥联合大学"，认为这是教育改革的新尝试，要求省、市各部门积极支持这一"功在千秋、利国利民"的大好事。

从"三无"起家

联合大学当初是一无校舍、二无师资、三无经费，起步时非常艰难。我们只有五六个兼职工作人员，全部家当就是一间临时借来的二十几平方米的办公室和几张办公桌。我们就像过了河的"卒子"，没有退路，只能往前闯。联合大学实际上主要是依托中国科技大学办学的，科大是我的坚强后盾。党委书记杨海波热情支持，他说，不要单从经济上考虑，也不要受社会舆论所左右，科大一定要全力支持办好联大。副校长卢岗峰更是痛快地说："科技大学的后勤就是联合大学的后勤，帮助联合大学解决困难，我们绝没二话。"

每到关键处，卢校长总能出高招对应。所以，科大挖掘潜力不但为联合大学提供了教室、实验室、图书馆、食堂和运动场，还选派了几位非常

1980年合肥联大董事长郑锐(右2)与校长杨承宗(右1)、教务长贾志斌(左2)、副教务长赵立人(左1)在研究工作

能干和非常有经验的干部主持合肥联合大学的日常工作,像贾志斌、伍润生、林其锦、陈德耀、贾荣书、韦锡波、赵立人等。同时,还抽调出许多有经验的教师和干部兼职担当合肥联大的班主任。这样,我们就可以开张了。既然是联合大学,就要体现联合办学的精神,所有的师资我们都是从合肥工业大学、安徽大学、安徽医学院、安徽农学院和安徽教育学院等择优聘来的,当然待遇也从优。当初,办学经费主要来自两方面:文科学生每人每年交40元,理科学生交50元。这在当时,学生家长是可以承受得起的。省、市政府每年每生补助150元,这也是地方财政力所能及的。一校之长就如一家之长,早上一开门就会遇到柴、米、油、盐的问题。尤其是合肥联大招生规模逐年扩大,总处在打游击状态怎么行呢?必须有一块"根据地"才能慢慢正规起来。学校的选址征地和建校问题都是市委书记郑锐同志协调各有关部门解决的,有他出面事情好办得多。合肥各职能部门广开"绿灯"给予很大支持。我们还抓住机会,及时争取到世界银行贷

款 156 万美元和中德合作项目资金 400 万马克。这两笔钱对学校发展至关重要，首先是打通了联大对外开放办学的渠道，外国专家学者经常来联大讲课，学术交流频繁。我们也选派优秀的教师和学生去国外深造、读学位，业务能力大为提高。更关键的是，我们用这些钱建成了中心实验室和电教中心。中心实验室包括了物理、化工、生物、机械、电子、建筑、计算机等 30 多个实验室，而且仪器设备是高水平的，一下子就把我们武装起来了，我们从此有了自己的教学实验基地。我很感激省高教局的詹卓局

1980 年合肥联合大学正式成立，杨承宗在开学典礼上致辞

长和王郁昭省长,是他们及时向我传达了信息,让我们抓住了千载难逢的机会。

合肥联合大学是实行董事会领导下的校长负责制,是省政府批准这么做的,这大概也是新中国教育史上的创举吧。董事会由省、市有关部门,合肥地区 7 所高校的领导和知名教育专家共 24 人组成。合肥市委书记郑锐任董事长,我担任了校长,这倒是我始料不及的。当初提建议,只是考虑为落榜青年找条出路,哪里会想到要当什么校长?尤其我已经担任了科大的副校长,又同时兼任着安徽省人大常委会副主任和安徽省科协主席。如果再挑一副担子,会感到力不从心、压力很大。何况我已经是近 70 岁的人了,而且还有一只眼睛失明。但是考虑到,一方面是省里的信任,另一方面是科大党委的支持,我还是"恭敬不如从命"吧。庆幸的是,有了郑锐做搭档,"全盘皆活",我们合作得非常好,许多事情一拍即合。他是市委书记,威信高,说话管用,所以下边办事效率特别高。合肥市商业局一下子就为合肥联大提供了 200 张自行车票,安徽省图书馆为每一位合肥联大的学生办理了"借书证"。我还记得,1980 年 10 月 11 日是举行开学典礼的日子。第一届 80 级的学生一共招收 346 名,开学典礼是临时借用的省科委的礼堂,几乎省、市领导都出席了,还来了不少学生家长。省委书记顾卓新、副省长杨纪珂、合肥市委书记郑锐都发表了热情洋溢的讲话,对合肥联大的办学形式充分肯定,鼓励同学们自立、自强、打消自卑感,要敢于有作为。会场气氛非常热烈。

创办合肥联大的意义

说到创办合肥联合大学有什么意义,可以说,合肥联大从创办第一天就走了一条与众不同的路,我们后来总结成十六字办学方针,也就是"联办公助、收费走读、不包分配、择优录用"。什么是"联办公助"?也可以称作是"公私合营",省市支持一部分经费,我们自筹一部分。当时,主要考虑到粉碎"四人帮"后,百废待兴,国家需要人才,而国家财力有限,拿不出钱建更多的大学。高考只是选择人才的一种途径,一考定终生,只差零点几分就把一个年轻人筛掉,这太可惜了,也不公平。"文革"十年,堆积了数以亿计的青少年没有学校上,而能够挤过高考"独木桥"的人却少之又少。落榜青年中并不是无可造之人,而是无可造之机。正规大学挑走了"奶油",剩下的"牛奶"还可以吃嘛。我们教育者的责任就是让这些取走"奶油"后剩下的"牛奶"发挥作用,不要浪费掉。

事实证明办联合大学是非常得人心的。自从1980年6月23日《光明日报》记者胡羊首次独家报道了我赞成招收自费走读大学生的消息后,引起了社会上强烈反响。我也收到各界不少来信。尤其是合肥联大建校初期,许多媒体都连篇累牍地报道,称赞这是"广开学路的榜样,不拘一格选人才",

为合肥联合大学建校20周年题词

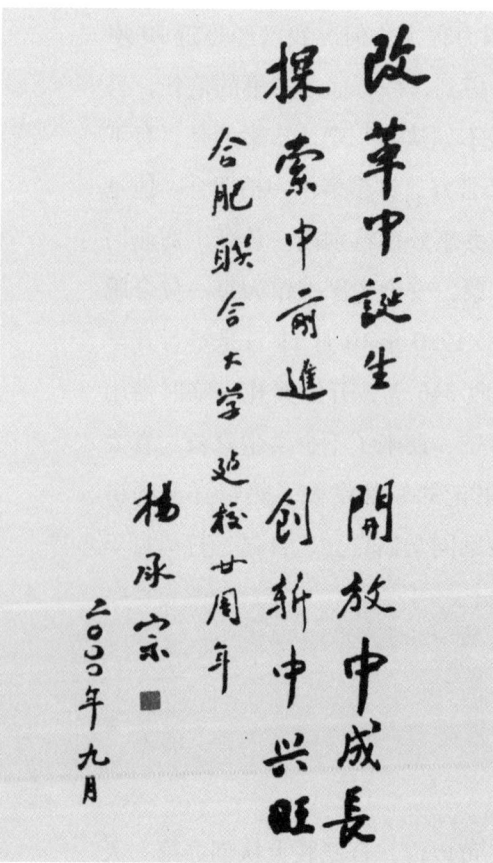

"是一所有生命力的新型大学"。不少省、市也都纷纷前来参观学习和效仿。还有一点需要说的,我是为了办好科大而办联合大学的,因为在高考中科大也有不少教职工子女考试失利,教师的孩子没有学上,令他们很苦恼。办联大就解决了不少这种孩子上大学问题,因此也解决了家长的后顾之忧,使他们安心在科大工作。办联合大学不要理解为是我个人的贡献,主要是科大的贡献,我只是代表科大去执行这一计划。科大为省、市办好事,办实事,自然会融洽与省、市的关系,省、市也会念及科大的好处,这是相辅相成的。合肥联合大学的生命力,在于我们立足培养应用型人才,注重造就学生的实验技能和解决问题的能力,训练学生既动脑,又动手。我们的专业设置始终瞄准市场,凡是市场有需求的专业我们就办,"适销对路",所以不愁学生"嫁"不出去。2000年合肥联合大学建校20周年邀我题词,我写了几句话:"改革中诞生、开放中成长、探索中前进、创新中兴旺。"这也是我心中的真实感受吧!合肥联合大学现在已更名为合肥学院,从创办至今已经有30年,已进入而立之年,今非昔比,是个非常有实力的大学了!这所大学现在已经建立了广泛的国际学术交流机制,已经为安徽省、合肥市乃至全国培养了几万名建设人才。不少人都成了各行各业的骨干和中坚,这是我非常欣慰的。

一件憾事

当然,在办学中也有令我遗憾的事。合肥联合大学开办以后,在社会上引起了反响。有一次在省里开会,一个人问我:"有人愿意捐赠一笔钱,你敢不敢要?"那时,我还不熟悉他,摸不着头脑,一时不知道怎么回答他，就没吭气。在下一次省里的会议上，他又来找我，他说："我叫潘锷鏱，是省工商联的主席。香港的王宽诚先生得知你倡办了一个自费走读大学后，很愿意资助一笔钱帮助发展教育，让我问你敢不敢要！"

我这次有思想准备了，就说合肥联大刚刚建立，各方面都缺乏资金支持，这笔钱太及时了。

因为有王宽诚先生的助学资金，我就开始考虑这笔钱怎么用。首先要用于校内基本建设，比如，要建若干实验室和配套设施，脑子里已经初步有了一个发展规划，准备大干一场。就在这个时候，是1990年吧，有一天，合肥市的三位领导到我家来了，说来说去，就是他们要安排一位行政干部，要我让出校长的位子。当然，他们还通情达理地送给了我一个"名誉校长"的头衔。

我没有思想准备，脑子里还都是怎样利用王宽诚先生的捐资建设学校的事，当天晚上血压一下升高，从此就患了高血压病。我就这样"下岗"了。很快，被任命的人就来了，我在校内也不便再管事了，王宽诚先生捐

1983年白内障手术前，用微弱的视力阅读全国人大会议文件

资的事当然就成了泡影。

我退休回到北京以后,在我住的中关村宿舍西边马路的对面,就是北京大学的东墙,墙里面耸立着邵逸夫先生资助的逸夫楼。每当我走到这条马路上看到这些大楼,心中总是涌起一种说不清楚的滋味。我有时也想,如果没有那些行政干预造成的人事变更,我再干一段时间,能把王宽诚先生的资助拿到手,那么合肥联大定会发展得更快、更好。现在,说这一切都为时已晚,留下的只能是遗憾了。

从1970年到1994年,我在合肥主要干了四个事情。一是科技大学的再创业,"文革"结束了,要恢复元气。二是合肥联合大学的建校,1980年开学的,到了1985、1986年的时候,已经有了第一、二届毕业生,事情多得很。第三呢,我还兼省人大常委会的副主任。第四是安徽省科学技术协会主席。两个副职,两个正职。可是我不可能把四个事情都做好,我这个人本领有限。科技大学是我的老窝、大本营,我是坚持不放弃。安徽省人大副主任,级别很高,可是省里面有其他高人,我就没有花很多的力气和时间。真正花时间多的、操心多的,还是合肥联合大学,那个时候白手起家新办一个大学哪有那么容易啊!对第四个职位实在是没有精力了。我刚才讲过,领导上的决定,让做就只能做,那个时候还没有辞职、请辞的说法。所以安徽省科协主席的工作,我非常抱歉,是做得最差的。那时我的健康状况也不是很好,一只眼睛失明,另一只眼睛白内障很严重,后来经过手术,稍微好一点。最低潮的时候,就是1992年我妻子去世,我到现在还非常遗憾,没有好好照料她。1992年也是我的健康状况最差的一年。到了1993年,健康状况稍微恢复了一点。因为我从来都没有去看过我的子女,我都不知道他们的生活情况怎么样。既然他们的妈妈已经去世了,现在我就要担起他们的妈妈的责任,以前这些事我都不管。因此我在全国跑了一趟，南边一直到广州，大女儿在那里；北面还要到天津，在我的大儿子那里住了一小段日子。了解了他们的情况之后，健康也恢复了一点，我正想恢复工作状态，科技大学办公室主任王溪松通知我，领导让我退休。我是个知识分子，要我退就退吧，所以从1994年3月开始，我就退休了。

　　2001年，我在国外的女儿，给我发来一个电子邮件，她把新浪网的一则新闻复制了，寄给我。那是2001年6月29号，在"七一"前夕，新浪网转载了新华网的内容，题目是"中国研制原子弹曾经得到居里夫妇后人的帮助"。文中讲到中央党史研究室副研究员王素莉向记者介绍了党中央做出研制"两弹一星"决策的有关情况，其中透露了约里奥－居里委托我转告毛泽东口信这件事。以后许多杂志上面也登了这个消息。

20 世纪中国科学口述史
The Oral History of Science in 20th Century China Series

第9章
晚年杂记

到了1994年的夏天，五六月份吧，我的小儿子杨家建从北京到深圳去出差，借机会来合肥看我。他一看我的情况，不管三七二十一，就说："搬回北京去吧。"

那个时候，科技大学已经通知我退休了，合肥联合大学也通知我不担任校长了，要我担任名誉校长。那我何必待在合肥呢？我就同意回北京了。我的儿子手脚很快，他人高马大，在合肥一共只待了一个礼拜，花了半个星期，一个人就把我半个家的家当包装好了。他走了以后，我一个人在那里干了一个月，还不如他的包装质量好，就这样搬到北京来了，所以我正式搬回中关村是1994年。

我很喜欢北京，因为到合肥以前，我们在北京待了很多年。30年代不算，从1951到1970年，有18年到19年的样子吧。后来在合肥待了二十四五年。我对合肥联合大学确实感情很深，从1980年创办合肥联合大学开始，我就想做很多的工作，我觉得合肥联合大学是非常好的立项，是一个大有发展的好事。不过，现在我只是"名誉校长"了，我又从科大退下来了，而且我确实已是80多岁的老人了，还是离开合肥回北京吧。

我搬回北京后，住在哪里呢？曾任科学院京区党委书记的王玉民同志，是科技大学59级的学生，他是一系的，即原子核工程系毕业的，他比较了解我们。1990年的时候，他在一次会议上说："我们科技大学有几位从北京去的老先生要安排一下。因为那时候说好的，'老有所归'，现在他们退休了，应该在北京给他们'归'的地方。"

92岁的杨承宗在北京中关村宿舍前

于是他在中关村争取到了几个单元，其中有一个单元是14楼303号，因为那个时候这几个老科大的老教授当中，我的年纪最大了，就分配给我了。

揭开约里奥-居里托我传话给毛泽东的秘密

1951年我回国之前，约里奥-居里先生托我传话："你回去转告毛泽东，你们要保卫和平，要反对原子弹，就要自己有原子弹。原子弹也不是那么可怕的，原子弹的原理也不是美国人发明的。你们有自己的科学家，钱呀、你呀、钱的夫人呀、汪呀。"

我回国以后，就把约里奥-居里先生的这几句话告诉了三强同志。三强说，这件事千万要保密，不要跟任何人讲，包括我们的妻子和孩子。因此，我也就守口如瓶，再没有跟别人提起过。就是在原子能所的时候，我也没有讲过。因为我想，我老是把这几句话挂在嘴上干吗呢？好好地做工作就是了。

到了"文化大革命"的时候，"左"也不好，"右"也不好，这几句话就更不能谈了。"文化大革命"过后，我记得那是1985年，我们原子能所的党委书记李毅带了一个年轻人来访问我，说是要写原子能所的前世今生啊，为这事专门来找我。那时，他已经是半退休的状态。因为他是我的老上司，很熟悉，我当然很热情地接待他。李毅同志先是简单地介绍了一下他在"文化大革命"中挨整的情况。"文化大革命"结束后，他重新回到原子能所。这时，他下决心要写一部我们原子能所，特别是坨里二部的历史，尤其是坨里二部成立的前前后后。那时候，二部从中关村搬到坨里去，完全是从无到有，李毅同志真是铺路石，做了很多踏踏实实的事情。1958年到1959年，他在中关村也做了不少事情。在他领导下，我们原子能所的南边造了一座楼，一座和原子能所差不多大的楼，也许比原来楼还要大。造好了，我们还没有搬进去，他就受命到坨里去了。新造好的楼就由科学院分给了生物物理所和微生物所。

我对李毅同志印象很好，不但是我，所里的同志对他印象也好。他在部队复员时是解放军的大校，自己是知识分子出身，有什么话我们都讲。他写历史，我就把我所知道的原子能所的情况都向他谈了，他带了一个录音机来。那个时候录音机还比较少，比较宝贵。和他一道来的那个年轻人一句话也没有讲，就是不停地记录，因为我们讲的都是历史嘛。加起来，我们讲了有一天半的时间,一共三个半天。

在这次谈话中,我们谈起约里奥－居里先生要我带给毛主席的几句话,我看他也很慎重,他用录音机录了音。以后李毅同志寄给我《当代中国》中的一册,叫做《当代中国的核工业》,是国防科工委主编,中国社会科学出版社出版的。这上边写了我的那段经历,写了50年代初期,约里奥－居里先生要我告诉毛主席的几句话。以此说明国际友人对中国很同情,他们对有些国家搞核讹诈,很有意见。《当代中国的核工业》这本书上讲的事,尤其是当时的国际局势,我也是第一次知道,以前我自己一直也不知道。和三强约定要保密的那几句话,我第一次公开讲了,跟李毅同志讲了。为什么呢?我想我在合肥,我也不干这个行业了,再说,带了这几句话也不是什么了不起的事情。所以,李毅同志在书上写上这件事,我也很赞成,也就处之泰然了,不必再当做一件心事,总在脑子里边想了。这是80年代中期的事情。

1994年我回到北京,住在中关村14楼303,正好在何泽慧家的楼上。有一天,何泽慧跟彭桓武两个人到楼上来看我。因为我同何公住在一个楼里,我们经常见面。彭公住黄庄小区,我住在北区,相隔比较远,难得看见他。当然,都是老熟人,我们也没有什么客套话可说,开门见山吧。彭公提出两个问题:第一个问题,问我的宿舍是怎么来的。哈哈,这个房子很简单嘛,是科技大学给的,是科学院给科技大学的。第二个问题,听说我回国之前,约里奥－居里先生曾经有几句话要我带给毛主席。他问:"这是怎么样一回事?"

我就把当初约里奥－居里先生的原话告诉了他。我还说,我回国后第一时间就跟钱三强讲了,三强说,这是大事,要我绝对保密,不要给外人讲,包括自己的妻子、孩子都不要讲。我说,你能见到毛主席,就由你来转告毛主席吧，钱公同意了。从此，我遵照钱公的嘱咐，再没有跟任何人提起过。讲到这个地方，何公插话了，她说："这个三强，保密把我都保起来了。"

我就笑了，"哈哈，这可是你们夫妻间的事情，三强叫我保密的，所以我没有讲。"

最后大家哈哈一笑，就结束了。

他们没有造访之前，我倒觉得彭桓武、何泽慧都是我们的老同事，彭桓武还是我们原子能所的副所长，当然，他是管理论物理的，业务上面和我没有什么直接接触，我跟王淦昌接触多一些。所以我测定周总理交办的铀235样品的报告是交给王淦昌的，没有交给彭桓武。事后，我想这个事情麻烦了，这个事怎么连何泽慧都不知道？她和彭公一起上我家来的，他们一定也在那里讨论过这件事，因为有些疑问解决不了，这才问到我这里。三强已经在1992年去世，还有谁能说清这件事？再说，这件事后来三强是如何处理的，我也想弄清楚。怎么办？我就问李毅吧，因为李毅的书是在1987年由中国社会科学院在北京出版的，这里面有一段话，讲到了约里奥-居里先生要我带给毛主席的几句话。过了两三天吧，我就打电话给李毅，问我传达约里奥先生口信的事情，是不是给钱公看过。李毅在电话里答复我说："我肯定把原书稿给钱公看了，他没有反对，也没有提出任何疑义。"后来，李毅同志在2000年出版的一篇回忆文章里再次证实了此事。

钱公不是糊涂人，可以证明这件事是没有问题的。我想李毅同志能够肯定下来，很好。后来是经过了一年还是两年，我记不清楚了。有一次，何公何泽慧打电话给我，她说要我到楼下来，到她家去，说她们那里有客人。这一年正好是广东的荔枝大丰收，我的一个外甥女婿从广州特意用航空快递送来了荔枝,比唐明皇给杨贵妃快马加鞭送荔枝还要快,很好的荔枝,很新鲜。我就带了一些荔枝下去了。进了她的家门,看到那里有一屋子的人,还有何泽慧的姐姐何怡贞,反正一屋子的人热闹得很。我就拿了荔枝说:"这是从广州刚刚寄来的荔枝,你们尝尝,北京很难吃到这么好的荔枝。"

哎,没想到,她们也请我吃荔枝。原来是前一天,我不知道是不是温家宝同志来看望过何泽慧,反正是温家宝同志送的,是越南总理送给温家宝同志一车皮的荔枝,温家宝送来和大家分享的。何公就拿出来给大家一起吃,我一吃,比我带来的荔枝还要好!正在吃荔枝的时候,何怡贞说:"我认识你。"

是啊,我也认识她,她们一家人我都认识。她是葛庭燧的夫人,我和陆学善还是他们的结婚介绍人呢。

她还有一个小妹妹,在何泽慧底下,叫何泽瑛,在上海工作。在日本人占领上海的时候,我们逃难到苏州。我们家门口有一个小菜场,何怡贞经常来买菜。我爱人老看见她,因此她们认识,见面打个招呼,嘻嘻哈哈的。何怡贞又说:"我不但认识你的爱人,并且还认识你的姐姐。"

我一听大吃一惊,原来我的小姐姐在同里的里职女学上学时,她们就认识,年龄差不多。我的小姐姐杨锦心比我大4岁,老早就去世了,17岁出嫁,大概19岁就去世了,因为夫妻感情不好。在旧社会,这也是没有办法的。我对小姐姐都有些淡忘了,我和她的感情特别好,因为她和我年纪最近。女孩子嘛,照顾小弟弟照顾得最好。我那时候在同里寄宿,寄宿总离开家嘛,小姐姐就是最亲近的,我每个礼拜天都去看她。

后来,一个什么机会,话题转到了保密问题。我就问何公,我和三强约定要严格保密的那个信息是谁传上去的?是三强见了谁吗?她说三强没有见谁，是去找了丁瓒，是丁瓒把约里奥－居里的话报告上去的。丁瓒是何人呢？他当时是中国科学院办公厅的主任，中国科学院党组成员。① 三强就把这几句话告诉了丁瓒，是丁瓒把这个事情报告上去的。这样一说，我就感到卸掉了重担。第一，确实是何公也被三强保密保得迷了，三强没有跟她讲，甚至到了三强去世的时候也没有讲。第二，她也在那里查，不晓得通过什么途径，才查到是丁瓒报告上去的。到这个时候，这件事总算是弄清楚了。

2001年，我在国外的女儿，给我发来一个电子邮件，她把新浪网的一则新闻复制了，寄给我。那是2001年6月29号，在"七一"前夕，新浪网转载了新华网的内容，题目是"中国研制原子弹曾经得到居里夫妇后人的帮助"。文中讲到中央党史研究室副研究员王素莉向记者介绍了党中央做出研制"两弹一星"决策的有关情况，其中透露了约里奥－居里委托我转告毛泽东口信这件事。以后许多杂志上面也登了这个消息。

为约里奥－居里先生传话的事情被公开后，我心里也轻松了不少。我把约里奥－居里的忠言传给了三强，三强也是老老实实地传上去了。我们两个人都是忠于事实的，而且我们两个人几十年来都是审慎于口。我是忠实执行了三强的嘱咐，三强也忠实执行我们的保密约定，直到他去世，何先生也不知道。我呢，我夫人去世之前，她只能猜想，我没有给她说过。而现在终于可以告诉朋友们，向大家公开了。

与此有关，还有一个故事值得说一下。

居里实验室有一位贝洛妮女士，是1956年通过博士学位论文的，那时我已经离开法国，我们是先后的师兄妹吧。她的老师是海辛斯基，一个

---

① 丁瓒时任院办公厅副主任，院党组副书记，为当时院党组的实际负责人。

犹太人，跟我也很熟悉的。我本来不认识贝洛妮，1989年的时候，她第一次到科技大学来。她和我们辐射化学专业的老师交流的时候，不知道谁提起说，我们的校长曾经在居里实验室待过，而且是在居里实验室拿到博士学位的。她说："哎，我也是呀！"于是，我们科技大学的老师们，就把她领到我家来了。我们两个人见面，一交谈，她非常非常高兴：第一，在中国遇到了能直接讲法文的。其次，讲起了许多人和事，都熟悉得很。因此贝洛妮就到科技大学来了几次，后来我们还邀请她担任了科技大学的名誉教授。大家很高兴！

在2002年到2003年的时候，我已经搬到中关村北区了，她从日本回巴黎，在北京待了几天，是科学院感光所邀请她。她到北京特意来找到了我，那我当然要接待她了。在家里接待不方便，就请她到"天外天"餐厅吃饭，另外还有我们感光所一个年轻女同志陪她。这个时候王素莉的文章已经发表了，全国许多报纸杂志都转载了，我就把这个事情告诉她。她很惊奇，对这些一点也不知道。我告诉她，是我们的约里奥－居里先生要我转告毛泽东主席的口信……她很惊奇，然后说："'你们要反对原子弹，就要有原子弹'，这段话老早就有。"

我一听很奇怪，因为这段话在我看来是很重要的，很辩证的，是约里奥－居里先生最早说的。

她说，她们小学时就念过拉丁文，拉丁文中就有那么一句谚语，说的就是这个意思。我就请贝洛妮写下来。她写下来了，用拉丁文写的。我的拉丁文马马虎虎，但是她的拉丁文也不行，她又把拉丁文换成了法文。我一看这句话我没有见过，我就请她把这张纸给我。这张纸我现在恐怕还找得出来的。我回家以后，查了拉丁文的书，确实有一句成语，翻译成中文是"假如你要和平，你就要准备战争"。意思是，为了避免被侵略，最好的办法就是做好抵抗的准备。

这句话是古代传下来的名言。因此,我将约里奥-居里的话告诉钱三强时,三强就说:"这就是民族的脾气。"

参观核试验基地

这大概是1994年夏天或是秋天的事,我记得那时西安的小柿子正是非常红的时候。我在兰州西北核物理研究所开会,就住在这个所里,这个所在兰州的东郊。开会的时候,我跟彭子成[①]一道去的,为什么要和彭子成一起去呢?彭子成想要些铀235的标准源,我们住的地方接近浓缩铀厂,以便有机会去要一点,他们是搞浓缩铀的,非但搞出来了,并且同位素浓度一定测得很准的。在这个时候遇到了我隔壁房间的钱绍钧同志。他是总装备部科技委常务委员、院士。钱绍钧在北京大学核物理系念过书。他很客气,说是听过我的课。我当时正是因为合肥联合大学的事情七荤八素很矛盾的时候。他问我,你看过原子弹爆炸吗?我说:"没有啊!没人请我,这也不能随便看的。"

他说:"这样,下次有机会,我请你去,不是我请你,是替你说话。"

彭子成说:"杨先生,你去的时候不要忘记我。"

彭说要来,钱绍钧也不好当面拒绝,我当然不会不赞成的,我就哈哈哈,打哈哈。

后来到了1995年的6月,我那年刚好发病,比现在还差一些,经常

[①] 彭子成,时任中国科学技术大学教授、博士生教师,中国第四纪委员会珊瑚礁专业委员会副主任。

无缘无故地发烧。我刚从医院出来，有个人来见我，说是国防工办副主任的秘书。因为我在科技大学做的那部分工作和国防工办没有关系，我也不清楚是国防工办哪个主任。我也不好意思问。他问我有没有可能去原子弹爆炸的基地参观。我那个时候刚刚出院一两天，我想这个机会太难得了。二机部三局有个副局长叫高志，他曾经问过我，参观过原子弹试验场没有？我说没有，没人请过。他说，他最近去看过，搞了一辈子原子能，总算有回报了。现在居然也有人来让我去参观核试验基地，我就不顾身体状况，欣然同意了。过了两三天，警卫秘书打电话来了，告诉我们什么时候出发，我的汽车从什么路进到机场；进到机场门口有个警卫，你告诉他什么代号，用这个代号你就可以进去了；到个什么什么楼，进去后，就有人接待你了。我当然记下来了，我谢谢他。可是这下我糟糕了，遇到难题了，从我家到机场的路还有点远，我一个人有点困难。怎么办？后来我想到彭子成了，他也在被邀请的人里面，我找他去！我立刻打了个长途电话，他马上坐飞机到北京来了。这是个好差事，他很积极，我也正需要有人来帮助。到了这天，我们两个人按警卫秘书约好的时间，同坐一部车去。我们的飞机是从西郊机场起飞的，到了规定的地点，他们来接我了。幸亏他们来接我了，那时我还腿软，不过心情很高兴。我想到了高志的话，搞了一辈子原子能，还没真正看到过原子弹的爆炸基地呢。

到了西郊机场，坐了一架中型的飞机，苏联的飞机，有十几个人吧。在飞机上碰到了何泽慧，还有几个人，汪德熙、汪家鼎、陈佳洱等，以前也都认识，但是自从我到了合肥后，至少25年不见了。以后我们就到了马兰，参观了核试验基地的展览馆。在飞机上面我才知道，原来是朱光亚请我去的。因为我们一道坐这个飞机，在飞机上碰见了，大家都很高兴。以前我们到苏联参观，制订"十二年科学发展规划"的时候，我和他老是见面的,后来他长期在国防科工委任职。因为这是我们中国最后一次进行核武器试验,他请我到马兰去开开眼界。这时我们国家已经转为地下核试验了,所以附近的山上边都有痕迹,可以看得见。从马兰住的地方到爆炸试验的场地还有几十公里,一路上反正就是听故事。

这次核试验后不久,我们国家就宣布,不再进行核武器爆炸试验,我是很赞成加入《国际禁止核试验条约》的。我轮到的这次是第45次核试验。我没有看真的试验,因为真的试验也没有意思,特别是在山里面试验,地动山摇一下子,看也看不到什么。还是在将要进行试验之前的几天去参观,能看到一些即将进行核试验的真东西。在参观中,又碰到了几个熟人,是跟我同时代参加工作的,科技大学的好几位同学都参加了核试验,老早就分配到了核基地,并且还是搞放射化学的。胡仁宇给我介绍说,他们在试验场上表现得非常出色,他们得到的一些重要数据甚至比搞

1996年与汪家鼎(左3)、汪德熙(中)、陈佳洱(右4)、何泽慧(右3)等科学家参观新疆马兰核试验基地

核物理的同志还要快,还要好。所以,我看我们科技大学在办原子能方面做得还是很好的,是有成绩的。我们国家在放射化学领域做出了许多了不起的成绩,不但不比其他学科差,而且在世界范围之内,也有影响。

这次到马兰去参观,我们拍了几张照片。我去的时候,不敢带照相机。一方面我也没有好的照相机。另一方面也是我和二机部接触的经验,总是强调保密,什么活动都说"不要带照相机"。幸好彭子成这家伙厉害,他就带了照相机,拍了很多照片。现在留下来的宝贵照片都是彭子成照的。我以前跟彭子成接触得也不多。这次接触后,发现他是个人才,非常干练。

参观的时候,我为约里奥-居里传话的事已经解密了,也不承担繁重的工作了,心里轻松了。长期以来国家投入那么多人力、物力、资金研制原子弹,以至有连续45次的核试验,回想当年我也参加了一些工作,心里觉得很愉快,有成就感。

1996年为新疆马兰核试验基地题词

再访居里实验室

我1951年回国后,因为法国属于西方阵营,不承认中华人民共和国,因此,我和居里实验室朋友们的交往也受到影响,但是我们还有些通信,过年互相寄贺年片,老朋友们都在贺年片上签名。

后来法国承认了中华人民共和国,但是由于我的工作属于保密性质,人家要问我做什么,我也不好说,所以通信基本断了,但是我们之间的友谊仍然存在。

大概是50年代的后期,巴黎居里实验室的一些老同事,成立了一个联谊会性质的组织。成立的时候,曾经还要我加入。我是赞成他们成立这个组织的,他们有活动还不时地通知我,不过我不认识他们,因为他们都

1955年在约里奥-居里的贺年片上有多位朋友的签名

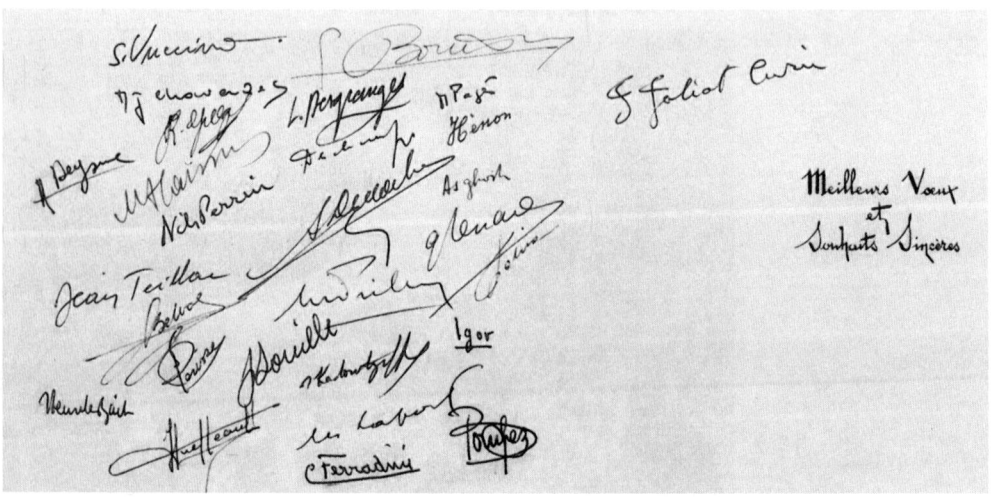

是在我离开后进入居里实验室的。

1976年，正值"文革"期间，布歇士来到中国访问，他还特意来看过我。后来不久，是他的学生告诉我，他不幸患心脏病去世了。这使我非常伤心，因为布歇士对我、对我们中国的帮助太大了。

1986年，我在居里实验室时的助手帕杰斯到北京参加国际核化学和放射化学会议。那时，她已经是居里实验室主任了，我送给她一幅中国水墨画，画的是芙蓉花。因为她的姓就是"芙蓉"的意思嘛。我还在画上题了一首小诗：

三十五载喜重逢，
昔年今日如梦中。
天公何时能作美，
我俦不分西与东。

1989年，帕杰斯邀请我去巴黎访问，在居里实验室举行了规模

1957年1月约里奥-居里给杨承宗的贺年片

很大的聚会。有一个小插曲需要讲一下，1951年回国前夕，我正在实验室整理东西，约里奥-居里夫人恰巧走进来，我问她还需要办什么手续。她让我去找秘书，并亲切地说："杨啊，实验室的钥匙就不要交还了，回去留个纪念，居里实验室的大门永远向你敞开着！"

我听后非常感动，回国后把钥匙一直珍藏在身边。这次帕杰斯邀请我去巴黎访问，我把珍藏了近40年的钥匙也带来了，在聚会上向大家展示，还作了一首诗译成法文念给大家听。诗的内容我还记得：

我有个钥匙很别样。

它不小，放入衣袋有些勉强。

它不大，只开一道门，别无用场。

但它确实很大，它让我迈进放射化学的心脏。

从此，我结识了许多科学巨擘，也领略了众多技术名匠。

它深情地引导我迈进科学殿堂，到处给我希望和阳光。

我把本领奉献给远方的亲娘，我把喜讯传递给法国的同行。

伴随钥匙的珍藏，忘不了游子在异国他乡。

是神圣的科学给了我无穷力量！

诗念完后博得一片掌声。没想到帕杰斯来了兴趣，她向我索要这把钥匙，说是把它陈列在居里博物馆更有意义。我当时舍不得给，回国后思考了一下，帕杰斯的想法也有道理，这毕竟是一段历史，它见证了法中科学家之间的友谊。刚好不久有科技大学的彭定坤、孟广耀教授要去法国做学术访问，我就让他们顺便将钥匙带给帕杰斯夫人，由巴黎居里博物馆保管了。

聚会过后，我感到有责任到格罗诺沃去看一看当年与我相识的布歇士夫人。布歇士是死在格罗诺沃的。他早年的夫人丹妮丝，是巴黎一所中学的体育老师，很活跃的。早在1949年的时候，丹妮丝·布歇士夫人就多次邀请我到她家去，因此我认识了她。可是到了1976年，布歇士来访问中国时，我一见到他的夫人，大吃一惊，这个夫人我不认识。原来，他已与我认识的丹妮丝离婚了。布歇士新夫人的名字我都不知道，照相的时候，她总是避开。幸亏丹妮丝·布歇士很坚强。离婚以后，她自认为还是布歇士夫人。

由于有布歇士先生的助教陈悟真帮我联系，我知道了丹妮丝的电话。我给她打了电话，她很客气，特别赶到火车站来接我。我到了格罗诺沃火车站，见到了丹妮丝，因为以前在巴黎多次见过面，很熟悉。虽然我和陈悟真有过几次联系，但是都是通过电话联系的，没有见过面。这次他也到火车站来接我，我们才是第一次见面。虽然他是布歇士的学生、助教，但是他只认识布歇士续娶的夫人。因此在火车站上，我是一举两得，一下子见到了两位朋友——丹妮丝和陈悟真。丹妮丝和陈悟真虽然相互都知道，却也是第一次见面。我们三个人

1986年与时任居里实验室主任的帕杰斯于北京国际核化学和放射化学会议期间合影

在火车站上交谈得很热烈，火车站的月台上人都要走光了，我们差不多是最后走出车站的。丹妮丝请我住到她家里，陈悟真也请我住到他家里。我没有办法了，她们都挺客气的。我说就先住在丹妮丝家里，看看她的家人吧。

于是我先来到丹妮丝的家。她的孩子们也被叫来了，有小儿子和小儿子的夫人，还有大女儿。她的大儿子在图卢兹大学教地质学，没有来。他

们四个人在丹妮丝家里招待我。她的大女儿在瑞士欧洲核磁中心工作。小儿子在格罗诺沃当医生。她的儿女是和布歇士生的。她们很客气地招待我吃了一顿晚饭，饭菜非常丰盛，还送了些纪念品。那天晚上，她的大女儿偷偷告诉我，她的父亲在晚年的时候，其实也很想念原配夫人。我也不知道怎么安慰她们。因为这是1989年春天，我带了些中国的水仙花的花球，送给了丹妮丝和她的儿媳妇。第二天陈悟真和夫人来了，他的夫人带来了一大把鲜花，送给丹妮丝，她们也是第一次见面。这样，我在陈悟真家里又待了一天，和他的孩子也都见了面，很热闹。陈悟真说，布歇士入葬的时候，丹妮丝也去送葬了，不过站得远远的，看布歇士下葬。那天，她也穿了一件黑色的丧服，我们用中国文化是很难理解的。陈悟真是越南海防人，在法国多年了，已经入了法国籍了。他的夫人是马达加斯加人，也在法国念书。他们夫妻共同的文化就是中华文化，他们都会说中国话。

1989年老朋友从世界各地赶到居里实验室来相会

我为约里奥-居里先生传话的事公开后,我想到,这件事应当向居里实验室的老朋友说明。这时,巴黎居里实验室老同事的联谊会,要搞一个约里奥-居里先生诞生100周年纪念征文活动,我就写了一篇文章纪念约里奥-居里先生。我讲到了我回国前,他要我向毛泽东主席传达的话。我回国后就转告了我们国家的领导。现在这件事在我们国家已经正式公开了。在文章中,我写道:"我应当把这个情况正式告诉约里奥-居里先生和约里奥-居里夫人以及实验室的老同事。我感谢你们,我以前从你们那里得到许多东西,现在我已经完成了国家交给我的任务,我要正式向你们表示感谢。"

1989年在巴黎,杨承宗将他保留近40年的居里夫人赠送的实验室大门钥匙向帕杰斯夫人等朋友展示。后将此钥匙转交巴黎居里博物馆保存

这篇文章登载在约里奥-居里纪念会的会报上。1991年,在纪念约里奥-居里先生诞生100周年的会之后,我想,我还是应当写信个别地感谢他们。当时帮助我的人太多了,有些人已经找不到了。布歇士因为心脏病去世了,还有在实验室里负责保存老居里夫人亲手制作的标准镭源的伊戈尔也找不到了。

我首先想到的是写信给丹妮丝。布歇士在码头上给我们照的相片,我是不是送给了布歇士夫人一张,我记不起来了。没有多久,我就接到了丹妮丝的回信，她说："乌啦！想不到我们和你的结识还会起了那么大的作用。由于中国的努力，你们的原子弹试验成功，换个角度说，我们对世界和平也有贡献。"她对中国是友好的。

还有就是陈悟真，因为丹妮丝和陈悟真都住在格罗诺沃，因为我的关系，他们之间也互相认识了，以后也有来往。我也感谢他。他法文比我好，他的法语是科班出身的。我在约里奥－居里先生诞生100周年时，写的一篇文章是先寄给陈悟真的，他帮我改了一下，我得谢谢他。他看了我的文章以后，也回信给我，祝贺中国取得伟大的成功，自力更生造出了原子弹。我也提到了布歇士对我的帮助，他说他也感到光荣。陈悟真对中国也是非常友好的。

1999年众好友在杨承宗家聚会，前排左起：黄祖洽夫人、黄祖洽、何泽慧、彭桓武、朱培基、李毅、邓佐卿，后排左起依次为孙懋怡（朱培基丈夫）、杨承宗、宋銮、施贵勤

第三个人就是帕杰斯,那时她还是居里实验室的主任。我们在居里实验室时,在同一个实验室里,一个房间的。我也给她写信,把真实情况告诉她,向她道歉,因为以前没有把真实情况告诉她。还有呢,1989年她邀请我去访问,在居里实验室举行了规模很大的聚会。不过那时候,我没有讲转达约里奥-居里先生口信的真实情况,那时还是秘密,没有公开,我不得不如此,现在向她致歉。同时也感谢她,感谢她在我即将回国时给我的帮助。

在访问居里实验室期间,还应该说一下与比利时人罗维的交往。当年她是我在居里实验室的后期来的,她人高马大的,穿着一件红毛衣。见过一段时间,后来她比我迟离开,做什么研究我不清楚。她告诉我很多法国的情况,她从外国人的角度看到法国的一些阴暗面,看得很清楚。后来我们就没有联系了。到了合肥之后,我经常看《人民日报·海外版》,因为它印刷质量比较高,照片比较清楚,没有广告。无意之中,我有一天发现了一张照片,照片上的人就是她。原来大概在50年代中期,她当过联合国教科文组织的总干事。这时她的名字叫勒耐欧·斯蒂农。后来原子能所派一个小组到她丈夫的实验室

99岁生日时为子女题词"知书达礼 忠诚厚道"

去，她的丈夫叫乔尼·斯蒂农，是比利时一个反应堆的研究所所长，在比利时北部，靠近荷兰。我们原子能研究院派一个小组到那里去交流，就认识了所长夫人。她就问："你们认识杨某某吗？"当时的组长是北京大学技术物理系毕业的学生，但组员里还有科技大学毕业的学生，就说："他是我们的校长啊！"并且把我的地址告诉了她。我们就联系上了，这样就有了来往。1989年我访问法国时，就打了电话给斯蒂农，向她问好，她很高兴，问我在哪里，我说我在巴黎，帕杰斯请我来的。她说："我来看你。"

我以为比利时很远，比利时人到巴黎去，和比利时人到北京一样困难。那时脑袋瓜还不那么开放。帕杰斯夫人就在旁边，她就以邀请居里实验室老人的名义，邀请斯蒂农来。我就在电话里和她约好哪一天见面。到了约好的时间，勒耐欧·斯蒂农真的来了。她是特意从比利时北部和她的丈夫开车到巴黎来参加我的Party的。当时Party还没有开始，远道的客人来了，我就在楼梯转弯的平台上拥抱她。我们是1951年以前见过的，我们都老了。勒耐欧·斯蒂农送给我一幅凡·高的画，现在还在我家里挂着，画得很好，可惜小了一点。我也告诉她，我知道她在50年代就当了两任联合国教科文组织的总干事。不过，她在职的时候，我根本不知道，等我知道的时候，她已经卸任了。

这是我认识的"头衔"最高的朋友。此后我们就通信了，告诉她我都做了些什么工作，并且说明为什么以前没有告诉她。她在回信中赞扬了我。她的信非常热情，她说："你这个人我知道，你非常含蓄，非常出色。你为了你的祖国，保密保了几十年，不讲出来，非常难得。"她还说："我们享有世界和平，中国的功劳是不可磨灭的。"

2000年初期，她在回复我的贺年片时说，她和丈夫一起到中国来过，亲眼目睹了中国的建设伟大、惊人。现在我们每个月都有来往的信件。

百岁感言

2010年9月，中国科技大学、中国原子能科学研究院、核工业北京化冶院、安徽省人大、合肥学院（原合肥联合大学）以及中国质谱学会等单位刚刚为我庆贺了百岁寿辰，温家宝总理及中国科学院还发来了贺信。我非常感激。

回首百年人生路，我得出的结论就是：一个人有了一个正确的目标，或者有一项立命的事业，并且你认为是对的，你参与了，就要坚定地做下去。这样历史最终会证明你是正确的，你才会无怨无悔，心里也是坦坦荡荡了。一

2001年获何梁何利奖时，与郭慕孙院士合影

个人回看历史也不过如此。对我而言，一方面没有什么了不起，就是传了一句话，包括为了实现这句话去努力，为国家效力，最后成了事。另一方面，人民还给了我相当高的荣誉，2001年，给我颁发了"何梁何利基金科学与技术进步奖"。这是对我一生工作的肯定，更是鞭策。

2010年9月16日温家宝总理祝贺杨承宗先生百年华诞的亲笔信

　　100年对于悠悠历史长河可能是一瞬间，而对于一个人却是风风雨雨的漫长岁月。100年的沧桑巨变，中国是怎样从风雨飘摇的晚清，走向现在的和谐盛世、国泰民安的，我就是这段历史的见证人、亲历者，太不容易了，要珍惜呀！科教救国，科教强国，这也是我一生的执著追求，永不言弃。这是我对人生的看法。

　　我很喜欢老居里夫人的名言："科学家的天职叫我们应当继续奋斗，彻底揭示自然界的奥秘，掌握这些奥秘，以便能在将来造福人类。我要把人生变成科学的梦，然后再把梦变成现实。"

　　——就用这句话作为结束语，和大家共勉吧。

附 录

杨承宗年表

杨承宗主要著述目录

主要参考文献

人名索引

杨承宗年表

1911 年　9 月 5 日（农历七月十三日）出生于江苏省吴江县八坼镇北港街。

1916 年　入当地小学学习。

1920 年　赴同里镇读高小。

1922 年　入上海寻源中学，后转入大同大学附属中学。

1929 年　考入大同大学。同年与赵随元女士结婚。

1930 年　长女杨家粹出生。

1932 年　大同大学理科毕业。

1933 年　在上海爱国女子中学任教。同年，长子杨家成出生。

1934 年　先后在上海暨南大学和安庆市省立第一高等工业职业学校任教。

1934 年　9 月赴北平，入北平研究院镭学研究所，从事放射化学研究工作。

1935 年　和郑大章一起，在中国首次完成了钋的放射性实验。在郑指导下，制成了第一台盖革计数器。写出论文《用计数法直接测定铀镭系和铀锕系的放射性》，后于 1941 年在《物理学报》上发表。另发表了论文《西山温泉所含氡量之测定》。

1936 年　受严济慈先生之托，赴上海筹办北平研究院镭学研究所迁沪建实验室事项。

1937 年　在上海法租界建成实验室，将研究所更名为"中法大学镭学研究所"。

1941年　独立完成了"β射线的散射"的实验，并写成论文。于1946年发表在美国的《物理评论》杂志上。

1942年　次女杨家雷出生。

1945年　抗战胜利后应召重新返回镭学研究所，并参与研究所接收工作。同年，三女杨家翔出生。

1946年　获得法国科学研究中心的资助，准备赴居里实验室工作。

1947年　入法国居里实验室，跟随约里奥-居里夫人进修放射化学。

1951年　杨承宗的博士论文通过评审，定为"最优秀级"，获博士学位。同时，婉辞了法国国家科学研究中心的第三次高薪续聘。回国前，约里奥-居里请杨承宗向毛泽东转达有关研制原子弹的忠告。8月，入中国科学院近代物理所（后称原子能所）工作，担任第二研究大组组长。

1952年　参加"思想改造"运动。学习俄语。同年，次子杨家建出生。

1953年　从事重水的研制。修复北京协和医院被日军破坏的医用提氡设备，制成氡-铍中子源。由于没有防护设备，导致右眼遭受强放射源的伤害，后来逐渐失明。

1954年　研究所迁址中关村。指导张家琨研制成功国内第一台质谱仪。主持放射化学实验楼的设计。

1955年　指导铀矿石的化学分析和分离、电解制备重水、研制超纯石墨等诸多课题研究。与钱三强等赴苏考察。

1956年　参与制订国家《1956—1967年科学发展远景规划纲要》，主要负责放射化学、辐射化学及放射性同位素应用部分。主持举办八期放射性同位素应用讲习班。同年受聘到清华大学和北京大学任教，主讲铀化学和放射化学专业课。与赵忠尧、何泽慧合编《原子能原理及其应用》一书。与郭挺章合译布鲁斯基的《同位素化学》一书。

1958年　任原子能研究所放射化学研究室室主任和同位素与射线应用研究室室主任。同年出任中国科技大学放射化学和辐射化学系主任。

1961年　兼任二机部铀矿选冶研究所技术副所长，接替撤走的苏联专家组的工作，负责领导核铀原料的制备。

1962年　受聘为中华人民共和国科学技术委员会化学组组员，中国科学院原子能研究所、中国科学院化学研究所学术委员会委员。

1964年　领导二机部五所提前完成第一颗原子弹铀原料的前处理试验任务，受到中央专委嘉奖。

1966年　5月，被任命为二机部第二研究设计院院长。未及上任，"文化大革命"开始。

1970年　离开二机部五所，随中国科学技术大学迁往合肥，参加劳动，并为学校的稳定作了力所能及的工作。

1972年　中国科学技术大学招收工农兵学员，杨承宗作为系主任，组织有关教员制订合适的教学大纲、编写教材和组织实验，并且为学员上普通化学课。

1977年　参加在北京召开的全国自然科学学科规划会议，积极争取同步辐射加速器在科大立项，会议期间，提出在中国科大建同步辐射加速器的建议及设想。杨承宗主持与亲自指导完成《从铀精矿中提取镭工艺研究及生产》、《医用镭源和标准镭源的研究和试制》。

1978年　3月，参加"全国科学大会"。11月，被任命为中国科学技术大学副校长。

1979年　4月，被推举为中国化学学会理事和核化学与放射化学专业委员会主任。11月，任中国计量学会电离辐射计量委员会主任委员。同年当选为安徽省第五届人大常委会副主任。

1980年　合肥联合大学正式开学，兼任校长（至1990年）。同年，出任安徽省第三届科协主席。

1984年　国务院学位办批准中国科大的放射化学为博士学位授予点，杨承宗为博士生导师。

1986年　出席在北京举行的国际核化学和放射化学会议。率团访德，促成合肥联大与德国下萨克森州众多高校的合作。

1989 年　应居里实验室邀请赴巴黎访问。

1992 年　妻子赵随元逝世。

1994 年　从中国科学技术大学退休,返回北京中关村居住。

1995 年　与何泽慧、汪德熙等应邀到马兰参观核试验基地。

2001 年　获"何梁何利基金科学与技术进步奖"。

2010 年　由中国科技大学、中国原子能科学研究院、核工业集团北京化冶院、安徽省人大、合肥学院、中国质谱学会等单位联合在北京召开杨承宗教授百岁华诞暨从事学术活动八十年纪念座谈会。温家宝总理及中国科学院发来贺信。

2011 年　5 月 27 日,在北京逝世。

杨承宗主要著述目录

1 Tcheng D T, Yang J T. Determination de la quantite de radon continue dans les eaux des sources de wen tchun de la montagne de l'ouest. *Nat Academy of Peiping*, 1935, 6 (2): 35.

2 Tcheng D T, Yang J T. On the determination of the branching ratio of the actinium series relative to the uraniumradium series by a direct counting method. *J Phys Radium*, 1940, 8 (1): 231; *Chinese J Phys*, 1940, 4 (1): 77.

3 Tcheng D T, Yang J T. The scattering of β-rays. *Phys Review*, 1941, 60: 160; *Chinese J Phys*, 1947, 7: 29.

4 Haïssinsky M, Yang J T. Séparation chromatographique de l'actinium de lanthane. *Bull Soc Chim France*, 1949, 5 (16): 546; Yang J T. *Anal Chim Acta*, 1950, 4: 59.

5 Haïssinsky M, Yang J T. Sur la stabllité de quelques complexes organiques des élémemts des quatrième èt cinquième groupes du système périodique. I. Oxalates, citrates et tartrates de Ti, Zr et Th. *Anal Chim Acta*, 1949, 3: 422~427.

6 Haïssinsky M, Yang J T. Sur la stabllité de quelques complexes organiques des élémemts des quatrième èt cinquième groupes du système périodique. II. Oxalates, citrates et tartrates de Nb, Ta et Pa. *Anal Chim Acta*, 1950, 4: 328~332.

7 Yang J T. Séparation, par échange ionique, de traces d'actinium 227 d'une quantite pondérable de lanthane. *J Chim Phys*, 1950 (47): 805.

8 Yang J T. Sur la radioionographie étude de la spécificite des échangeurs d'ions séparation lanthaneyttrium. *Anal Chim Acta*, 1950, 4: 59~67.

9 Yang J T. La séparation de protactinium du tantale par échange des ions. *Compt Rend*, Présentée par M. Frédéric Joliot, 1950 (231): 1059.

10 Yang J T. Contribution a l'étude de la séparation des radio-éléments par échange d'ions: application de la méthode a la séparation des radio-éléments. Université de Paris, Enrégistrê au Ministère de l'Education Nationale Francaise N. 5034, 1951.

主要参考文献

1. 《中法大学史料续编》编写组. 中法大学史料续编. 北京：北京理工大学出版社, 1995：14~16.

2. 杨家翔, 远泽清. 杨承宗先生传略. 见朱清时主编, 李虎侯副主编. 杨承宗九十华诞纪念文集. 合肥：中国科学技术大学出版社, 2000：4.

3. 李毅. 庆祝杨先生九十华诞. 见朱清时主编, 李虎侯副主编. 杨承宗九十华诞纪念文集. 合肥：中国科学技术大学出版社, 2000：44.

4. 董灵英. 杨承宗老师带领我们攻克核纯铀中微量和超微量杂质分析技术关. 见朱清时主编, 李虎侯副主编. 杨承宗九十华诞纪念文集. 合肥：中国科学技术大学出版社, 2000：46.

5. 张劲夫. 请历史记住他们——关于中国科学院与"两弹一星"的回忆. 人民日报, 1999-05-06（1）.

6. 《当代中国》丛书编辑部编. 当代中国的核工业. 北京：中国社会科学出版社, 1987.

7. 玛丽·居里. 居里夫人自传. 杨建邺译. 哈尔滨：哈尔滨出版社, 2003.

8. 艾芙·居里. 居里夫人传. 左明彻译. 北京：商务印书馆, 1984.

9. 丹尼斯·布莱恩. 居里一家——一部科学上最具争议家族的传记. 王祖哲, 钱思进译. 长沙：湖南科学技术出版社, 2011.

人名索引

A

J. 阿达马 57

阿玛伽 12

路易·艾黎 7

爱因斯坦 85

奥尔玛 86

拉乌尔·奥梯 86，89

奥 耶 48

B

巴斯德 13，64，87，88

白松健 10

包忠谋 154

佛朗西斯·贝朗 73～75，82

尼斯·贝朗 75

扬·贝朗 48，74，83

贝雷斯 52

贝洛妮 182，183

比 伽 48

薄一波 126

布歇士 45，46，51，53，54，71，
　　　　73～80，82，189～194

丹妮丝·布歇士 190～194

C

蔡元培 7

曹惠群 8，14

曹有德 8，20

柴之芳 103

陈 诚 66

陈德耀 167

陈汉明 132

陈佳洱 185，186

陈 韧 165，166

陈文明 153

陈悟真 191，192，194

陈雄飞 60，66

陈　毅 105～107，136

陈　云 126

褚民谊 28

崔浣华 102

D

戴传曾 97，101，115

得尼维尔·戴尔 48

戴高乐 48，88，89

夏尔巴·黛丝 55，72，81，82

昂德埃·德比安 45，52，71

邓　发 57

邓稼先 96

邓小平 61，158

邓佐卿 132，137，194

丁石孙 6

丁世友 164

丁　瓒 182

董灵英 132

董宁川 58，60，63

杜月笙 31

段君毅 155

F

方生衡 10

费子衡 61～63，81

冯　麟 109，110

冯锡璋 115，116，123

冯孝伦 139

富兰克林 113

G

盖　革 17，18，49，73～75，87，101

盖特茨 12

盖特奈尔 87，88

高　志 185

哥尔德史维斯 48

葛庭燧 181

顾功叙 6，26

顾卓新 155，169

关肇直 60

郭沫若 50，70，107，112，113，122

郭慕孙 197

郭挺章 96，97

H

奥托·哈恩 24，48

海辛斯基 46，52，109，182

何东昌 121

何怡贞 181

何泽慧 40，69，95，97，103，105，115，119，141，179～182，185，186，194

何泽瑛 181

贺　龙 136

赫鲁晓夫　127，140

侯祥昌　28，29

胡敦复　6

胡　宁　116

胡仁宇　186

胡　羊　170

胡耀邦　155

胡翼之　101

黄辛白　6

黄祖洽　194

J

贾荣书　167

贾志斌　167

蒋淮渭　146，148

蒋介石　13，20，21，24，116

金福庆　165

金建中　101

金玉民　152

皮埃尔·居里　11，12，80，89，90，
　　　　　113，114

玛丽·居里　11~13，26，40，41，44，
　　　　　45，67，74，83，84，89，
　　　　　90，96，113，114，159，
　　　　　193，198

尤金·居里　90

鞠抗捷　158，160

K

卡东采芙　77

乔治·卡耶斯　52

索菲·克莱尔　90

克朗斯基　86

克瓦尔斯基　48

L

拉包克　46

拉瑞特　89

拉瓦锡　84

A.朗之万　48

保尔·朗之万　48，69，83，84，113

海伦·朗之万　113，114

米歇尔·朗之万　113，114

李德平　105

李德生　148

李凤白　63，70

李格平　101

李海波　157

李鸿章　27

李　鋉　20

李虎侯　118，123，133

李岚清　87

李　宓　154

李石曾　22，28

李书华　18

李四光　126

李维汉　70

李　毅　127，138，178～180，194

连方瑀　10

连　战　10

廉　颇　98

梁志宏　57，58，60，63

列　宁　109

林　彪　147

林念芸　95，123

林其锦　167

刘　达　149～151

刘　杰　108，109，126，137，138，140，141

刘宁一　57

刘少奇　110，123

刘　伟　156

刘西尧　146

刘允斌　110，123

刘震威　140

柳大纲　121，158

卢岗峰　166

卢永祥　5

陆学善　23，27～30，181

伦　琴　84

罗瑞卿　140，141

罗斯福　85

吕维纯　102，122，123，129

M

马连良　98，99

马寅初　107

迈特纳　24

毛泽东　69，70，95，97，98，108，117，126，127，138，146，175，177，179，180，182，183，193

梅斌夫　23，28

梅　农　44

梅镇岳　120

孟广耀　190

孟鞠如　60，63，66

孟　子　4，5

N

聂　力　136

聂荣臻　107，126，136

涅斯米扬诺夫　112

P

莫尼克·帕杰斯　43，45，46，53～55，57，71，72，77，81，189～191，193，195，196

潘锷璋　172

庞加莱　58

彭定坤　190

彭桓武　95，96，108，140，179，180，194

彭子成　184，185，187

Q

齐莱莉　142

齐燮元　5

钱临照　6，30，31

钱能欣　61

钱其琛　6

钱三强　39~42，45，49~51，64，69，70，81，83，84，88，95，99，104，105，108，115~117，126，127，129，136，137，141，142，155，178~182，184

钱学森　109，121

钱绍钧　184

钱逸泰　139

钱正英　6

乔　治　44，60

R

任知恕　154

S

邵式平　115，117

邵逸夫　173

施贵勤　194

施汝为　30，121

施士元　41

斯大林　109

勒耐欧·斯蒂农（罗维）　195，196

乔尼·斯蒂农　196

斯　诺　50

宋庆龄　6

宋　銮　194

苏　华　135

孙良方　101

孙懋怡　194

孙中山　4，6

T

田方增　60

W

汪德熙　141，154，185，186

汪德昭　69，136

汪家鼎　185，186

汪精卫　28

汪　琼　149

王炳南　109

王承书　137

王方定　137

王淦昌　95，96，103~105，137，180

王金堂　132

王宽诚　172，173

王素莉　175，182，183

王溪松　174

王揖唐　19，24，29

王玉民　177

王玉琦　102

王郁昭　169

王子卿　61，63

H. 维拉　57

韦锡波　167

温家宝　181，197，198

翁文波　10，11

吴桓兴　118

吴南如　31，43

吴文俊　92

吴新谋　57，58，60，63，65

吴永兴　132

吴有训　29，30，114

吴玉章　113

吴征铠　141，154

吴稚晖　28

伍润生　167

武　衡　112

武汝扬　122，139

X

西伯格　130

希里士　12

希特勒　38，87

习仲勋　106

项志遴　154

肖　健　96

肖　伦　116，123

肖晚滨　13

谢家麟　115

徐理阮　102，123

Y

严济慈　10，11，13，14，21，22，28，
　　　　30，41，49，83，88

杨蔼如　3

杨澄中　70，95

杨海波　166

杨纪珂　169

杨家建　136，176

杨锦心　4，181

杨绍晋　102

杨石先　107

叶恭绰　22

伊戈尔　66～68，193

尹鸿钧　164

尹勤尧　142

皮埃尔·约里奥　114

弗雷德里克·约里奥－居里　40，41，48，

49，53，68~70，74，75，84~89，95，113，114，127，177，179，182~184，187，193~195

伊莲娜·约里奥－居里　11，18，30，31，33，40，43，45~51，53，55，56，65~68，73~75，79~88，114，123，127，155，189

岳　起　101

Z

詹　卓　166，168

张洪杰　10

张　华　135

张积舜　111，112

张家骅　115，116

张家琨　105

张曼维　123

张青莲　108

张文裕　137

张志尧　102

章炳麟（章太炎）　4

章吉祥　148，153

赵伯铨　6，7

赵承嘏　23

赵鼎元　7

赵汉民　21

赵九章　101，112，121

赵立人　167

赵升元　7

赵随元　3，6

赵忠尧　95，96，103，108，119，137

郑大章　10，11，13~20，23，24，26，27，29，41，49，61，67

郑群英　132，137

郑　锐　167，169

周恩来　50，61，69，71，81，103，104，107，125，136，138，140，180

周信芳（麒麟童）　98，99

周中治　103，105

朱光亚　185

朱洪元　106

朱培基　104，137，194

朱润生　95，104，130

庄长恭　30

后　　记

《杨承宗口述自传》终于脱稿了。此时，2011 年的新年钟声就要响起。窗外，奇形怪状的商厦正用炫目的五色灯光忽悠着人们的眼球，更让人想起那曾经熟悉，现在却久违了的星空。而我仍沉浸在杨承宗先生的述说中，心潮起伏，难以平静。

少年时期即有幸和一批中国科学界的巨擘为邻，如钱学森、钱三强、郭永怀、杨嘉墀、汪德昭、郭慕孙等，但那时，对他们了解得并不多，这不仅是因为我少不更事，更因为他们身负重任，工作繁忙，且许多人从事的都是保密程度很高的科研任务，如"两弹一星"等。那时，就连他们的子女也不大清楚父母从事的是何等惊天动地的伟业。因此，当以后了解了他们闪光的人生和他们为祖国和人民立下的功勋时，更有一种心灵的感动，一种强烈的震撼。

杨承宗先生是公认的新中国放射化学的奠基者。他曾经为中国第一颗原子弹的试验成功作出过重大贡献。他是中国科学技术大学第一任放射化学和辐射化学系主任。中国科技大学迁至合肥之后，他曾担任副校长，为中国科技大学的二次创业作出了贡献。他创办的合肥联合大学，开创了一种崭新的办学模式，不仅圆了莘莘学子的梦，更为祖国培养了众多的人才。在人生路上，他是一位领跑者，他总是带着欢笑面对一切，无论是成功还是挫折。

1951年回国后，为了完成国家的重托，他除了用钱三强带给他的3 000美元添置仪器设备外，还把自己多年的积蓄都用来为新中国的原子能事业购买了仪器和图书。孰料，他竟因此"返贫"，不得不把自己心爱的蔡斯照相机和名表卖给了同事，以偿还家人在他留法期间所欠的债务。他明明知道，以他的才干，若留在法国，不仅可以得到"555 000法郎，另加补贴"的优厚待遇，而且还可以名利双收，因为他在那里有最好的科研条件，而回国之后，他的报酬只有每月1 000斤小米，科研条件更是难如人意。当年，钱三强冒着犯错误的风险，只能给他准备两个不合格的白金坩埚和两架普通的天平。许多实验必需的材料和设备，还得自己动手制作。为了取得氡-铍中子源，他甚至不惜用自己的肉体挡住强烈的射线，以保护随他而来的技术人员和女同志，而他的一只眼睛却因此失明了。

1961年，杨承宗先生又投身于第一颗原子弹的研制中，这项事业能让人民得到幸福安宁，个人却不会"发家致富"；能让祖国登上强国之巅，个人却只能甘当铺路石子，但是杨承宗先生义无反顾地投身其中。他的贡献、他的丰功、他的品德为人们公认，他的学生早已经是院士了，而他却名列院士外；他为中国第一颗原子弹的试验成功立下了大功，可是他的名字却没有列入授奖者的名单中，甚至当国家为核试验有功人员增加工资时，他又不在其中。当人们为他鸣不平时，他总是付之一笑，淡定得很、超然得很。他的回答很简单："只要把事情做出来就好，别的什么都不要去想。"如果不是真的把祖国和人民的利益放在第一位，如果不是真的把科学和教育当成自己一生的追求，如果不是真的视名利如浮云，能达到这种境界吗?

了解了这一切,使我对杨先生更是由衷地敬佩。当年居住在中关村时,我家与杨承宗先生的家只有一墙之隔——我家住13楼104室,他家住13楼105室。因此,更有一种责任感,想写一些文字,让人们了解他,了解中国老一辈科学家的精神世界和感人情怀。但是要出版介绍科学家的书是很难的,它们往往都被淹没在那些更具"市场价值"的出版物中了。有些出版机构往往片面强调市场需要,认为读者要什么就出什么,其实一流的出版者应该引导着读者前行——走向更远、走向更高、走向更强。中国要以科教兴国,要建设创新型国家,就必须要有新思想、新观念、新知识。我想,湖南教育出版社策划出版这套《20世纪中国科学口述史》,正是有此眼光,才有这番大手笔。我也才有机会整理和发表杨承宗先生的口述自传。在此,谨向湖南教育出版社致以敬意。

整理者边东子与杨承宗先生(坐者)

就在此书将要付梓时,突然传来杨承宗先生辞世的消息,不禁愕然。杨先生慈祥的面容,风趣睿智的谈吐,尤其是那能够驱赶走一切烦恼和忧愁的、极富感染力的朗朗笑声,仍在我的耳边回响。真的不相信他会离我们而去,因为在我和许多人的心中,他就是科学界的长寿之星。一百年,这样的人生当然不能算短暂了,但是我和他的亲人以及他的学生、同事一样，一直期望他能创造人类长寿的纪录。这不仅是因为他的一生曾经为祖国和人民作了那么多的贡献，如果他的生命更长久一些，他的贡献一定会更多，更大；他的一生还证明了，中国科学家中，确实有这样的人，他们的贡献很大很大，对名利却看得很淡很淡。因为有了他们，人民才能幸福安宁，祖国才能繁荣富强。杨先生走了，但是他和许多老一辈科学家热爱祖国，不求名利，治学严谨的传统会不会被传承下来呢？这是我们需要严肃认真思考的问题。杨承宗先生的功勋定将不朽，杨承宗先生的精神应当永存。

边东子

2011 年 6 月 5 日于北京

图书在版编目（CIP）数据

从居里实验室走来——杨承宗口述自传/杨承宗口述；
边东子整理. —长沙：湖南教育出版社，2012.3
（20世纪中国科学口述史/樊洪业主编）
ISBN 978-7-5355-9114-2

Ⅰ.①从… Ⅱ.①杨… ②边… Ⅲ.①杨承宗（1911~2011）—自传 Ⅳ.①K826.13

中国版本图书馆CIP数据核字（2012）第046204号

书　　名	20世纪中国科学口述史	
	从居里实验室走来——杨承宗口述自传	
作　　者	杨承宗口述　边东子整理	
责任编辑	朱　微	
责任校对	鲍艳玲　刘　源	
出版发行	湖南教育出版社出版发行（长沙市韶山北路443号）	
网　　址	http://www.hneph.com　http://www.shoulai.cn	
电子邮箱	228411705@qq.com	
客　　服	电话 0731-85486742　QQ 228411705	
经　　销	湖南省新华书店	
印　　刷	湖南天闻新华印务有限公司	
开　　本	710×1000　16开	
印　　张	15	
字　　数	167 000	
版　　次	2012年4月第1版　2012年4月第1次印刷	
书　　号	ISBN 978-7-5355-9114-2	
定　　价	40.00元